眠れないほどおもしろい
世界の三大宗教

並木伸一郎

JN108867

三笠書房

はじめに……世界の三大宗教の「隠されたからくり」に迫る本

宗教がわかれば、世界が見えてくる——。

これは、決して大げさな表現ではない。

本書は、**「世界の三大宗教」**といわれるキリスト教、イスラム教、仏教について、「教養として知っておきたいエッセンス」をコンパクトにまとめた一冊である。

三大宗教の起源や背景、教義、歴史や文化、信者たちの暮らしを知れば、おもしろいほどにこの世界を立体的・複眼的に見られるようになってくるだろう。

「キリスト教とイスラム教の神って、同じなの？」

「聖書には、なぜ『新約』と『旧約』がある？」

「なぜ中東には戦火が絶えないのか」

「イスラム教徒が豚肉を食べない、断食をするのはなぜ？」
「ジハード、スーフィズムって、何？」
「神と仏って、どう違うの？」
「なぜ仏さまの種類は、あんなに多い？」

など、これまでなんとなく疑問に思っていたことがスッキリとわかるようになり、それぞれの宗教の本質をつかむこともできる。

ある調査によれば、２０１８年における世界の宗教人口は、キリスト教が23億８０００万人、イスラム教が19億人、そして仏教が５億人となっている。

三大宗教が創始された地域の気候や風土は、いずれも、人間が生きていくには過酷な環境だ。

日本のように自然豊かな土地とは、背景からしてまったく異なるのだから、当然、日本の神々に対する「常識」や日本人の「信仰心」からは、理解しがたいようなことも頻繁《ひんぱん》に起こる。

しかし、そんな日本人は、仏教思想の影響を強く受けていまも生活している。

信仰の歴史は幾千年前にも遡《さかのぼ》るが、そうした悠久の時の流れに思いを馳《は》せながら読み進めてもらえば、今日を生きるための、より深い気づきが得られるかもしれない。

また、本書では三大宗教に関する「教養としての知識」を紹介するだけにとどまらず、ミステリアスで、ある種オカルト的な（オカルトとは、**見えないもの、世界をつなぐ「隠されたからくり」**のことである）エッセンスも散りばめてある。

本書を手に取ってくださった方々には、「世界の常識」のベースとなっているそれぞれの宗教を、ぜひとも楽しみながら読み進んでいただけたらと願っている。

並木伸一郎

✢もくじ

I 「キリスト教」は、なぜこんなに劇的なのか
……「イエスの教え」から「ヴァチカンの秘宝」まで

III 「イスラム教」は、なぜこんなに純粋なのか

……「最後の預言者」ムハンマドの生涯から中東の戦火まで

III

「仏教」は、なぜこんなに多様なのか

……「ブッダの悟り」と「めくるめく仏尊たち」

編集協力　中村友紀夫

I

「キリスト教」は、なぜこんなに劇的なのか

……「イエスの教え」から「ヴァチカンの秘宝」まで

1 キリスト教とは「愛の宗教」である

キリスト教をひと言で表現すると、**「愛の宗教」**といえるだろう。

ただし、ここでいう愛とは、男女間の愛ではない。まずは「神への愛」であり、そして「隣人への愛」。

これは、日本人にはちょっと理解しにくいかもしれない。もともと日本には、キリスト教でいう「愛」の概念はなかったからだ。ちなみに仏教において「愛」とは「執《しゅう》着心《じゃくしん》」と同一視され、修行の妨げとなるばかりか、人間の苦しみを生むもととされ、否定されてきたものなのだ。

日本語で、キリスト教のいう「愛」に近い言葉を探すなら「慈悲」ということになる。だから明治になって西欧の文化が入ってきたとき、夏目漱石《そうせき》などの文学者は、「愛（love）」という言葉の翻訳に苦心したという。
では、キリスト教の「愛」はどこからきているのか。

イエスは「ユダヤ教の宗教改革者」だった！

一人の律法の専門家がイエスを試そうとして、「先生、律法のなかではどの掟《おきて》がもっとも重要でしょうか」と尋ねると、イエスはこう答えた。

「『心を尽くし、精神を尽くし、思いを尽くして、あなたの神である主《しゅ》を愛しなさい』
これがもっとも重要な第一の掟である。
第二も、これと同じように重要である。
『隣人を自分のように愛しなさい』
律法全体と預《よ》言者《げんしゃ》は、この二つの掟に基づいている」
（「マタイによる福音書」第22章37～40節）

イエスが口にした「主を愛しなさい」「隣人を愛しなさい」という言葉は、『旧約聖書』の「申命記《しんめいき》」と「レビ記」から引用されたものだ。

つまり、**キリスト教の根幹の「愛」は、ユダヤ教にあった**わけだ。というより、ユダヤ教の教え（律法）はもともと、「主を愛すること」「隣人を愛すること」の二つを実践するための手段として伝えられてきたものなのである。

ところが、いつしかユダヤ教のなかでは、手段と目的が入れ替わってしまった。律法学者たちの形式化と堕落によって、「愛の実践」よりも「律法の遵守《じゅんしゅ》」が重視されるようになった。そこで、原点に立ち返り、「愛」の重要性を説いた存在——それがイエスだったのだ。

つまり**イエスとは、原点回帰を主張するユダヤ教の宗教改革者**だったわけである。

✝「弟子パウロの大活躍」で世界宗教へ

キリスト教ではイエスを「**救世主（メシア）**」とする。

イエスは人々の罪を背負って磔《はりつけ》にされ（贖罪《しょくざい》）、「死からの復活」という形で人々に奇蹟を見せ、救世主であることを自ら証明した。キリスト教徒とは、こうしたイエスの奇蹟を信じる者たちの集団にほかならない。逆にいえば、信じさえすれば民族（国籍）も人種も問わない。

これこそが、ユダヤ教という「民族宗教」が、キリスト教という「世界宗教」へと飛躍した大きな要因だ。

ヴァチカンのサン・ピエトロ大聖堂にある
ミケランジェロの大傑作『ピエタ』

いまでは世界最大の宗教になったキリスト教だが、イエスの活動期間はわずか3年ほど。

しかもイエスが磔にされた罪状は「国家への反逆罪」である。

そのまま「小さな新宗教

の教祖」として葬《ほうむ》り去られても不思議はなかったはずだ。

その状況を変えたのは、イエスの弟子たちだった。

イエスの死後、彼らは積極的にイエスの教えを近隣諸国に広め始めた。

なかでも特別に熱心だったのが、**パウロ**（40ページ参照）だ。

ギリシア語が話せたパウロは、ユダヤ人以外にも積極的にイエスの教えを広めようとした。もちろん紆余曲折《うよきょくせつ》はあったが、その結果、キリスト教は地中海を越えてヨーロッパにまで広まり、世界宗教への足がかりを築いていったのである。

2 イエス・キリスト＝「預言者(王)であるイエス」

「イエス・キリスト」とは、イエスが名前、キリストが姓だと思っている日本人は少なからずいるはずだ。たしかに、「イエス」は名前だ。『新約聖書』には「ナザレのイエス」という言葉が出てくるが、これは「ナザレ（地方）出身のイエス」という意味。

しかし、「キリスト」は姓ではない。

「キリスト」とは「油を注がれた者」を意味する言葉で、具体的には王や祭司、預言者（神意を伝える人）を指している。

つまり「イエス・キリスト」とは、「預言者（王）であるイエス」という意味になる。そしてキリスト教は、そのことを認めた者たちの集団なのである。

ちなみに「キリスト」という言葉は、ギリシア語「クリストス」の日本語表記で、もとはヘブライ語の「マハシア＝メシア＝救世主」に由来する。

ユダヤ教では、「メシア」はダヴィデの子孫から生まれ、イスラエルを再建する者（救世主）と見なされる。だからそれぞれの時代において、複数のメシアと称する人物が登場してきた。イエスもユダヤ人社会のなかで、そうした自称メシアの一人にすぎなかった。もっといえば「〝偽〟メシア」だ。だからこそ磔刑《たっけい》にされたのである。

ところが、死と復活、そして昇天という奇蹟を見せたことで評価は一変、本物のメシアとされ、信仰の対象へと変わっていったのだ。

父と子と聖霊――「三位一体」とは？

キリスト教の信者数は世界最大とされる。正確な数字を出すことは不可能だが、一説には23億人以上ともいう。ただし、イエスや神に対する解釈の違いから多くの教派が存在する。

主だったものとしては**ローマ・カトリック、プロテスタント、東方正教会（正教会、ギリシア正教会とも）**の3派がある。信者数はカトリックが約12億4000万人、プロテスタントが約5億5000万人、東方正教会が約2億8000万人で、そのほかが約3億7000万人といったところだ。

このうちカトリック、プロテスタント、東方正教会が共通して信仰するのが**「三位《さんみ》一体《いったい》説」**だ。逆にいうと、この説をとらない教派は「異端《いたん》」とされる。

では、三位一体説とは何か？

初期のキリスト教徒の間で問題になったのは、

「イエスがキリスト（救世主）であり、神の子であるならば、イエスと神はどのような関係なのか」

ということだった。

キリスト教には唯一神の思想がある。神が唯一の存在であるなら、イエスはどのような〝立ち位置〟になるのか――これが信仰上の大問題となったのだ。

これに対して、4世紀、アレクサンドリアの司教アタナシウスが、「イエスは父なる神とまったく同質であり、本質的に神性を持つ」と主張して、司教アリウスの説く「神の子であるイエスは、神によって創造された者であって神性はない」との主張に対抗した。

議論はもつれ、325年に開かれた「ニケーア公会議」（全世界の司教が集まる最高意思決定会議。このときは、ローマ帝国のコンスタンティヌス帝自らが議長を務めた）で、アタナシウスの主張が正統だと決した。

さらに、「父なる神と子なるキリスト」に加え、神と人をつなぐ「聖霊」も神性を持つとする「三位一体説」が正統の教義として確立する。

イエスは人間の「原罪」を贖って昇天した

もう一つ、キリスト教で重要なのが「原罪」だ。

その由来は、エデンの園で幸せに暮らしていたアダムとイヴが、神の禁忌《きんき》を破ったことに始まる。

アダムとイヴが神の禁忌を破ったために
人間はだれもが「原罪」を背負っているとされたが……

以来、二人の子孫である人間は、だれもが「神を裏切った」という「原罪」を背負っていたという。

だがこの原罪は、私たち人間の身代わりとなってイエスが磔にされたことで、贖《あがな》われた。

その後、イエスが昇天したのは、神が赦《ゆる》した証拠だというのである。

このことを信じることで、人間は原罪から免れた、というのがキリスト教の基本概念なのだ。

3
カトリック、プロテスタント、東方正教会の違い

前項で述べたように、キリスト教には現在、**ローマ・カトリック**、**プロテスタント**、**東方正教会（正教会、ギリシア正教会とも）**という三つの大きな教派が存在する。いずれも「三位一体説」を支持し、根本的な教義に大きな違いはない。では、なぜ3派に分裂したのだろうか。

イエスが「昇天」してからも、ローマ帝国はキリスト教を激しく弾圧し続けた。だが信者はローマ帝国内でも徐々に増え続け、313年にはついに**コンスタンティヌス帝によってキリスト教が公認**されるようになる（「ミラノ勅令《ちょくれい》」）。

392年には、**テオドシウス1世により、キリスト教（三位一体説のアタナシウス**

派）がローマ帝国の国教と決められた。そして、それ以外の伝統的宗教が禁止されるのである。こうしてキリスト教は、広大な領土を有するローマ帝国を中心に、ヨーロッパ世界に広まっていった。

その後、ローマ帝国が東西に分裂すると、キリスト教も東ローマ帝国と西ローマ帝国でそれぞれ異なった展開をする。東西それぞれの独立性が強くなるとともに、激しい対立が始まったのである。そして１０５４年、ついにコンスタンティノープル（現在のトルコ・イスタンブール）を拠点とする東方正教会と、ローマを拠点とするカトリック教会に分裂することになったのだ。

さらに時代が下って16世紀になると、ローマ・カトリック教会の権威化・形骸《けいがい》化に対して改革を求める運動――**宗教改革**――が始まり、プロテスタントが誕生した。その過程については別項で述べるが、こうしてキリスト教は3派に分裂していったのだ。

では、3派は具体的にどう違うのか？

組織面では、**カトリックはローマ教皇を頂点とするピラミッド型**で、信者にも階層が存在する。だが、これに異を唱えることで生まれた**プロテスタントでは、神のもと**

ではみなが平等であるとし、それぞれの組織が並立する形になっている。

東方正教会は、ギリシア正教会をトップとし、東ローマ帝国の皇帝が君臨していた。

しかし、現在ではいくつもの正教会に分裂している。

✝なぜ東方正教会で「イコン」が発達したのか

ちなみに正教会の「正」とは「正統な（オーソドックス）」という意味で、ローマの「普遍的な（カトリック）」に対抗するために自称したものだ。

東ローマ帝国（7世紀頃からビザンツ帝国といわれる）は1000年以上の栄華を誇ったので、その首都であるコンスタンティノープルに置かれた東方正教会も大いに発展した。

ただし、ローマ・カトリックのような中央集権的システムはなく、宗教的権威のトップとされる教皇も存在しなかった。そのため、イェルサレム、アレクサンドリア（エジプト）、アンティオキア（シリア）とコンスタンティノープルを併《あわ》せた四つの有力な教会ごとに独自に発展を遂げていく。

さらに、ギリシアの正教会がロシアで布教を行なったことによって、ロシア正教会も成立した。

東方正教会がローマ・カトリックと大きく異なるのは、**イコン**（イエスや聖人、天使、「聖書」の場面などを描いた聖画）の存在である。

東ローマ帝国は、1453年にオスマン帝国によって征服されているが、このときにイスラムの影響を強く受け、偶像崇拝《すうはい》が否定された。そのため、立体の像ではなく、平面の宗教画であるイコンが発達したといわれている。

ビザンチン美術の一表現である「イコン」はロシアで独自の発達を遂げた

プロテスタントが「聖書」を重視する理由

プロテスタントは、神と民衆を直接、結びつけようとした宗教改革運動の結果として誕生したために、と

キリスト教とイスラム教の主要地

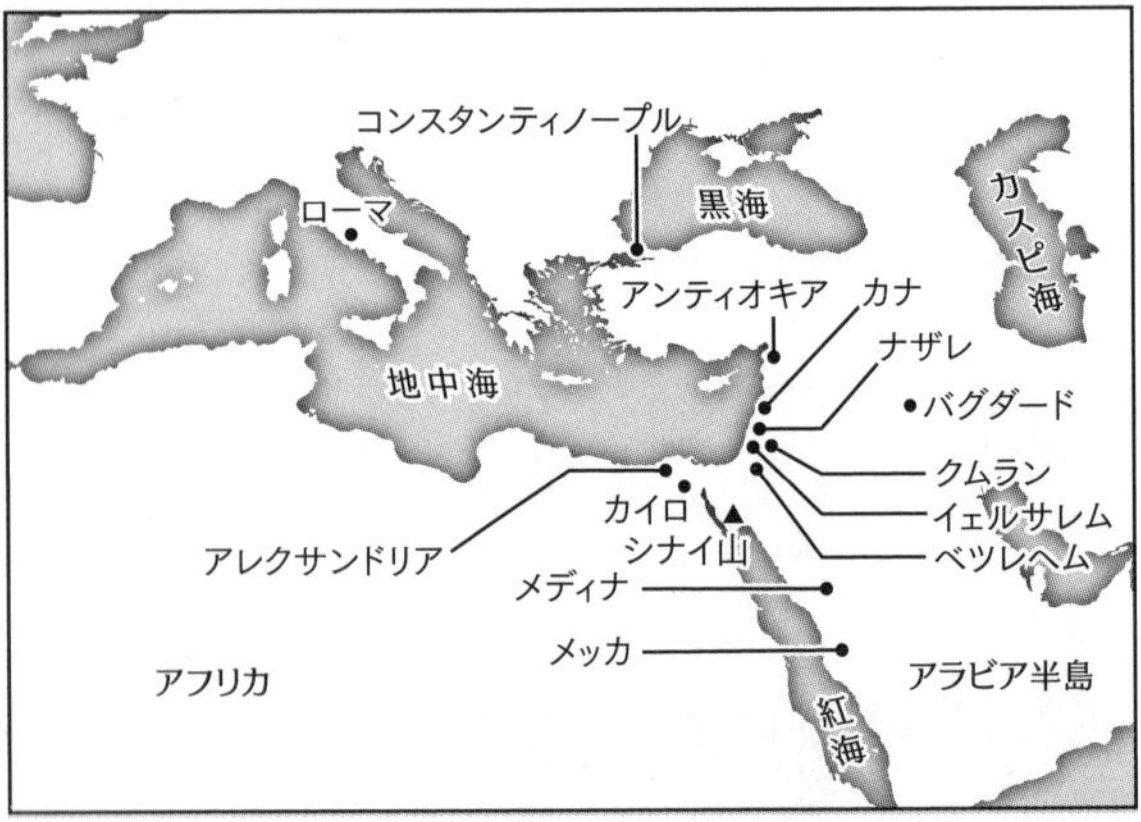

りわけ「聖書」を重視する。

また、プロテスタントの儀式は、「洗礼」（入信儀式）と「聖餐《せいさん》」（キリストの身体としてのパンを食べ、血としての葡萄酒《ぶどうしゅ》を飲む儀式）しかない。

カトリックと東方正教会では、信仰を宣言する儀式や、罪や過《あやま》ちを悔い改めて神に赦しを乞《こ》う儀式、結婚の儀式、病気や臨終の際に額《ひたい》に油を塗る儀式、聖職者になるための儀式などがある。

これらはいずれも、**神による不可視の恩《おん》寵《ちょう》を目に見える形にしたもの**で、プロテスタントでは「聖礼典《せいれいてん》」、カトリックでは「秘蹟《ひせき》（サクラメント）」、東方正教会では「機密」と呼ばれている。

4 キリスト教の原点――ユダヤ教とは何か？

さて、イエスとはユダヤ人であり、ユダヤ教が預言する「メシアの一人」として登場した。そして、原点回帰を主張するユダヤ教の宗教改革者でもあった。前述したとおり、**キリスト教の母体はあくまでもユダヤ教**なのだ。

では、ユダヤ教とはどのような宗教なのか。

ユダヤ教の信仰の中心は、民族の指導者モーセがシナイ半島のシナイ山中で結んだとされる神との契約、いわゆる**「十戒《じっかい》」**を守ることにある。それによってユダヤの民は土地を与えられ、子孫が繁栄し、神の祝福を得ることができるとされたのである。

だからユダヤ教では、『旧約聖書』のなかでも**「モーセ五書」**と呼ばれる律法（トーラー）がとりわけ重視される。**「創世記」「出《しゅつ》エジプト記」「レビ記」「民数記」「申命記」**だ。

このうち「出エジプト記」では、エジプトで奴隷にされていたイスラエル人（イスラエル人とは、族長ヤコブとその末裔《まつえい》である、いわゆる「イスラエル十二支族」の総称であり、ユダヤ人とは厳密にはヤコブの子のユダの子孫をいう）をモーセが救出し、神との契約（十戒）が結ばれる様子が描かれる。

かつて地中海東岸のパレスチナで暮らしていたイスラエル人は、飢饉《ききん》に見舞われたことからエジプトに移住し、そこで豊かな生活を送るようになった。それを妬《ねた》んだエジプトの王は彼らを奴隷とし、さらにイスラエル人の男児を皆殺しにするよう命じるが、葦舟《あしぶね》に乗せられナイル川に流されて生き残ったのが、モーセだった。

やがて成長したモーセは、神＝ヤハウェの導きにより、イスラエル人を引き連れてエジプトから脱出。途中でエジプト兵に追い詰められると、眼前の紅海《こうかい》がまっ二つに割れ、海底に道ができるという奇蹟も起こった。

旅の途中、シナイ山の麓《ふもと》で野営をしていると、神がモーセを山頂へと誘《いざな》った。このときにモーセを仲介役とし、**イスラエルの民と神の間で結ばれた契約が「十戒」**である。要約すると以下のとおりだ。

1：主を唯一の神とすること
2：偶像を崇拝しないこと
3：神の名をみだりに唱えてはならないこと
4：安息日を守り、6日働いたら7日目は休むこと
5：父と母、祖先を敬うこと
6：人を殺してはいけないこと
7：姦淫《かんいん》をしてはいけないこと
8：盗みをしてはいけないこと
9：隣人に関して嘘の証言をしないこと
10：隣人の財産を欲しがらないこと

以後、この神との契約を遵守することが、ユダヤ教徒の義務であり証《あかし》となったのだ。

ユダヤ教徒にとってイエスはどのような存在なのか

神ヤハウェはシナイ山で、イスラエル人を「ヤハウェの民」として選んだ。同時にイスラエル人は、唯一神であるヤハウェから与えられた律法を遵守することを誓った。これこそがユダヤ教の骨格である。『旧約聖書』の「約」とは「契約」の「約」であり「約束」の「約」なのだ。

これは同時に、この契約を守る限り神による祝福を得られるという、ユダヤ教独特の**「選民思想」**の根拠にもなっている。

では、**ユダヤ教徒にとってイエスはどのような位置づけ**になるのか。

前述したように、イエスは数多くいる「〝偽〟メシア」の一人にすぎない、ということになる。一部ではイエスを「ラビ（宗教的指導者）」の一人と認める集団もあるが、絶対に「メシア（キリスト）」とは認めない。ここが最大の違いといえる。

当たり前だが、ユダヤ教徒はイエスの言行録である『新約聖書』も認めていない。というより、徹底的に排除・拒否する。

『新約聖書』と『旧約聖書』の詳細については次項で述べるが、彼らにとってはあくまでも『旧約聖書』のみが重要なのだ。

そもそも彼らは「新約」を「聖書」として認めていないのだから、「旧約」という概念も存在しないし、その呼び方も失礼といえる。彼らにしてみれば「新たなる契約」など存在しないのである。

かくして、ユダヤ人はイエスを磔にした。

——ここに、**のちのキリスト教徒によるユダヤ人の歴史的迫害の種が蒔《ま》かれた**のである。

5 聖書には、なぜ「新約」と「旧約」がある？

前述のように、「聖書」には『旧約聖書』と『新約聖書』がある。

両書の違いについて見ていこう。

『旧約聖書』は、これは大雑把《おおざっぱ》にいえば世界の創世、古代イスラエル人の歴史、モーセによる律法、預言者の書、詩篇《しへん》などがまとめられたものだ。

その内容は以下のとおり。

★【モーセ五書】――「創世記」「出エジプト記」「レビ記」「民数記」「申命記」
★【歴史書】――「ヨシュア記」「士師記」「ルツ記」「サムエル記」「列王記」「歴代

誌」「エズラ記」「ネヘミヤ記」「エステル記」

★【知恵文学】――「ヨブ記」「詩篇」「箴言《しんげん》」「コヘレトの言葉」「雅歌」

★【預言書】――（大預言書）「イザヤ書」「エレミヤ書」「哀歌」「エゼキエル書」「ダニエル書」、（小預言書）「ホセア書」「ヨエル書」「アモス書」「オバデヤ書」「ヨナ書」「ミカ書」「ナホム書」「ハバクク書」「ゼファニヤ書」「ハガイ書」「ゼカリヤ書」「マラキ書」

これらは紀元1世紀末に完成したと見られており、初期のキリスト教徒は当然ながら、この『旧約聖書』を用いていた。

✝イエスの生涯と言葉が記された「福音書」

一方、『新約聖書』は、イエスの死後にまとめられた一連の文書類だ。

主な内容は「イエスの生涯と言葉」「初代教会の歴史」「初代教会の指導者による書簡」で、最後に「ヨハネの黙示録《もくしろく》」が置かれる。

「イエスの生涯と言葉」を記したものは**「福音書《ふくいんしょ》」**と呼ばれ、以下の四書がある。

★「マタイによる福音書」
★「マルコによる福音書」
★「ルカによる福音書」
★「ヨハネによる福音書」

かつては多くの福音書があったというが、公式に認められたのはこの四書だった。最終的な成立年代は4世紀頃とされている。

ちなみに「福音」というのは英語で「ゴスペル（gospel）」というが、これはギリシア語の「エウアンゲリオン（euangelion）」に由来する言葉で、「いい知らせ」を意味する。そう、あの「エヴァンゲリオン」だ。

四つの福音書はいずれもイエスの言動を記したものなので、大まかな内容は似ているが、細かな違いもある。

たとえば「マタイによる福音書」は、イスラエル人の祖であるアブラハムからダヴィデ王、そしてイエスへと連なる王（メシア）の系譜で始まるのが特徴だ。これは、**メシアはダヴィデ王の系譜から生まれるというユダヤ教の伝統**を示しており、イエスが正統なメシアであることを明確にするためだとされる。

一方、「マルコによる福音書」では、洗礼者ヨハネによるイエスの祝福と、メシアによる福音から始まっている。これら二書と「ルカによる福音書」は内容がほぼ一致しているので**「共観《きょうかん》福音書」**と呼ばれている。

「ヨハネによる福音書」は神学的要素が強く、神とイエスのかかわりが強調されているという特徴がある。ちなみに、のちに述べる**宗教改革でルターが重視したのは、この「ヨハネによる福音書」**だった。

「パウロの手紙」「ヨハネの黙示録」とは？

また「初代教会の歴史」は「**使徒言行録（使徒行伝）**」と呼ばれ、イエスの弟子たちの**ペトロやパウロの活動記録**となっている。

「初代教会の指導者による書簡」は、その大半が「**パウロの手紙**」で、これは遠く離

ヴァチカンのサン・ピエトロ大聖堂の聖パウロ像。
「書物」（巻物）や「剣」を持っている姿で表現される

れた地で信仰を続ける人々への励ましと指導の記録だ。

ちなみに、パウロは熱心なユダヤ教徒でキリスト教徒の迫害に加わっていたが、**「サウロ（パウロ）、サウロなぜ私を迫害するのか」**（「使徒行伝」第9章4節）という天からのイエスの声を聞いて回心した。

パウロは「異邦人の使徒」といわれ、ギリシア語に堪能《たんのう》だったため、キリスト教が世界宗教へと飛躍するために、きわめて大きな役割を果たしたという。

そして最後の**「ヨハネの黙示録」**は、ヨハネが見た幻影、神からの啓示を記したもので、人類を裁く「最後の審判」から神の国に至る未来図が書かれている。

6 イエス・キリストの生涯

ここでは『新約聖書』にしたがって、イエスの生涯を簡単に紹介していこう。

イエスは紀元前4年頃、パレスチナのベツレヘム（もしくはナザレ）で生まれたとされる。

イエス誕生前、マリアの前に大天使ガブリエルが現われ、彼女がキリスト（救世主）を妊娠したことを告げる。これを**「受胎告知」**という。

マリアは大工のヨセフと婚約していたが、処女のまま身ごもってイエスを出産。このとき東方から3人の博士（占星術師）がやってきて、キリスト＝メシアが生まれたことを祝福している。

ところが三博士はその前に、メシア誕生を**イェルサレムのヘロデ王**に告げていた。新たなる王の登場を恐れたヘロデ王は、なんとベツレヘムで幼児の虐殺を開始。ヨセフとマリアはイエスとともにエジプトへ逃げていく。

この時代、すでにイエスがいくつかの奇蹟を起こしていたという記述が『新約聖書』の「外典《がいてん》」（聖書の「正典」から外されている文書）に見られる。エジプトでのイエスは幼くして奇蹟を起こし、人々を驚かせていたというのだ。

たとえば、あるとき彼の前で、３６５体もの神像が壊れてこなごなになった。

また5歳のとき、安息日に粘土遊びをしていたイエスを、父のヨセフがたしなめた。安息日にはいかなる仕事も禁じられていたからだ。するとイエスは手を叩き、粘土で作った12羽の雀《すずめ》に「飛べ！」と命じた。粘土の雀はたちまち空に舞い上がり、さえずりながら飛び去ったという。

こんな話もある。教師がイエスに文字を教えようとすると、自分は全知だと答えたので、教師は傲慢《ごうまん》だとしてイエスを叩いた。怒ったイエスが彼を呪うと、教師の右手が萎《な》え、気を失って倒れてしまったというのだ。

洗礼から荒れ地での断食、伝道へ

エジプトからパレスチナに戻ったイエスが成人し、20代も後半にさしかかった頃、ヨルダン河畔に**洗礼者ヨハネ**を訪れ、そこで洗礼を受けた。

洗礼者ヨハネはイエスと又従兄弟の関係とも。ヨハネの首を所望した「サロメ」のエピソードでも有名

洗礼者ヨハネは、神の審判が迫っていると訴えながら布教活動を行なう預言者の一人だった。

洗礼の際、天が開き、精霊が降ったという。

その後、イエスは荒れ野で40日間の断食を行なった。悪魔に誘惑されるが、これを撃退。手応えを得たイエスはパレスチナ北部のガリラヤに戻り、いよいよ伝道を開始する。

伝道者としてのイエスが最初に起こした奇蹟は、ガリラヤのカナの村で行なわれた婚姻の宴で、六つの水瓶の水を葡萄酒に変えるというものだった。それからもイエスは次々と癒しの奇蹟を行ない、弟子を増やしていった。

山上の垂訓、最後の晩餐、そしてユダの裏切り

あるときイエスは、山の上で大切な教えを語り始めた。周囲にはイエスによって選ばれた12人の使徒をはじめとするたくさんの弟子たちがいた。このときの言葉には、キリスト教にとって中心的な教義がほぼ網羅されていたといわれている。これが有名な**「山上の垂訓《すいくん》」**だ。

だが、こうしたイエスの言動は、守旧派であるユダヤ教の律法学者たちにとっては許しがたいものだった。理由はイエス磔刑の項目で述べるが、イエスは旧来のユダヤ

捕縛される直前、イエスは十二使徒と
最後の晩餐のテーブルを囲んだという

教指導者たちを徹底的に弾劾《だんがい》したのである。
だから十二使徒とともにイェルサレムに入る頃のイエスは、自らの死と復活を予知していたという。

「いま、私たちはイェルサレムへ上っていく。人の子は祭司長たちや律法学者に引き渡される。彼らは死刑を宣告して異邦人に引き渡す。異邦人は人の子を侮辱し、唾《つば》をかけ、鞭《むち》打ったうえで殺す。そして、人の子は3日ののちに復活する」

（「マルコによる福音書」第10章33、34節）

捕縛される直前、自らの死を知ったイエスは、12人の弟子とともに食事をとる。これはダ・ヴィンチなどの絵画で有名な「最後の晩餐《ばんさん》」のシーンだ。

「一同が席に着いて食事をしているとき、イエスは言われた。

『はっきり言っておくが、あなたがたのうちの一人で、私と一緒に食事をしている者が、私を裏切ろうとしている』

弟子たちは心を痛めて、『まさか私のことでは』と代わるがわる言い始めた」

（「マルコによる福音書」第14章18、19節）


予言どおり、弟子の一人であるイスカリオテの**ユダの裏切り**によってイエスは逮捕されるのである。

7
なぜイエスは磔にされたのか？

イエスには、「キリスト教」という新宗教を起こそうという意図はまったくなかった。ユダヤ人として生まれ、ユダヤ教徒だったイエスは、あくまでもユダヤ教を本来の信仰の姿に戻し、よりよくしようとしたにすぎない。

イエスが問題としたのは、律法にとらわれるあまり、とかく形式主義に陥りがちな当時のユダヤ教徒、なかでも律法学者や司祭たちの姿勢だった。

現実のユダヤ社会には、律法を守りたくても経済的・身体的な理由からそれができない人々が多数、存在していた。しかし「敬虔《けいけん》なユダヤ教徒」を自称する者たちからすれば彼らは「罪人」にほかならず、差別され、迫害を受けていたのだ。

イエスはそういった人々にこそ積極的に近づき、癒しなどの奇蹟を行なった。イエスが一般人の支持を受けたのも、当然だったのである。

しかし、それはやがて対立を生んでいく。とくにユダヤ人司祭たちとの対立が決定的になったのは、イェルサレム神殿に入ったときのイエスの行動だった。


「イエスは神殿に入り、庭で売り買いしていた人々を追い出し始め、両替人の台や鳩を売る者の腰掛けをひっくり返された。

また、庭を通って物を運ぶこともお許しにならなかった。

そして、人々に教えて言われた。

『こう書いてあるではないか。〝私の家は、すべての国の人の祈りの家と呼ばれるべきである〟。ところが、あなたたちはそれを強盗の巣にしてしまった』

祭司長たちや律法学者たちはこれを聞いて、イエスをどのようにして殺そうかと謀《はか》った。群衆がみなその教えに感動していたので、彼らはイエスを恐れたからである」

（「マルコによる福音書」第11章15〜18節）

当時のイェルサレム神殿では、献金する際にはローマ通貨に両替する必要があった。また、神に捧げる鳥や動物にも細かい規定があり、指定の業者から買うように決められていた。つまり両替人も鳩売りも、神聖なる神殿内で手数料を取り、商売をしていたわけである。イエスはそれを激しく批判したのだ。

「メシア宣言」はユダヤ人にとって神への冒瀆

かくしてイエスは捕らえられ、裁判にかけられる。裁判では、「おまえはメシアなのか?」という大祭司の問いかけに、イエスははっきりと答えた。

「そうです。あなたたちは、人の子が全能の神の右に座り、天の雲に囲まれて来るのを見ます」

自らメシアだと宣言した以上、それは神への冒瀆《ぼうとく》であり、メシアを騙《かた》って民衆を惑わす大罪になる。一同は死刑にすべきだと決議した。

ただ、当時のユダヤでは、最終的な死刑判決は、ローマ帝国のローマ人総督に委《ゆだ》ねる必要があった。そこで翌日、**イエスをユダヤ属州総督ポンテオ・ピラト**の前に連れ

ピラトの「この人を見よ（エッケ・ホモ）」の言葉も虚しくイエスに死刑が宣告された

ていった。祭司長たちはイエスの罪状を訴えたが、イエスは黙して語らない。

このとき、イエスの罪を見出せないポンテオ・ピラトの有名な言葉、

「この人を見よ（エッケ・ホモ）」

のエピソードがあった。

これは、鞭打たれ、荊冠《けいかん》をかぶせられたイエスを嘲笑《ちょうしょう》して騒ぐ民衆に対して、我に返れとピラトが警告した言葉だ。

だが、結局、イエスは「ユダヤの王を騙ってローマ支配からの独立を企《くわだ》てた犯罪者」として有罪になり、磔刑に処せられることになった。

現代人の感覚からすれば、ただ単に宗教改革を訴えただけのイエスに対して、死刑は厳しすぎると感じられるかもしれない。

だがそこには、**ユダヤ教における預言の意味と、メシア誕生に関する複雑な背景**があったのだ。

ユダヤ教には、イスラエルを統一したダヴィデ王を救世主＝メシアとする思想がある。その後、イスラエルはローマ帝国に支配されるが、**いつかダヴィデ王の子孫からメシアが現われて、自分たちを救ってくれるという信仰**があった。

繰り返すが、それは『旧約聖書』によって預言されたことであり、それゆえ何人もの偽メシアが現われては消えていったのである。

律法を厳守することにとらわれたユダヤ人にとって、イエスもまたそうした偽メシアの一人にすぎなかったのだろう。

8
イエスの死と復活、そして昇天という「奇蹟」

処刑の日、イエスは衣服をはがれ、荊《いばら》の冠をかぶせられ、処刑場となるゴルゴタの丘へと引かれていった。磔にされる十字架を自ら背負い、その十字架には「ユダヤ人の王、ナザレのイエス」（Iesus Nazarenus Rex Iudaeorum を略して、ルネサンス絵画ではＩＮＲＩと描かれる）と書かれた罪状板がつけられていた。

もちろん、イエスの言動を揶揄《やゆ》したものである。

その道中では集まった民衆から罵声《ばせい》を浴びせられ、唾も飛んできた。群衆のなかには、イエスの姿を見つめる母マリアの姿もあった。

ゴルゴタの丘に到着するまでに、イエスは3回倒れている。

午前9時、イエスは二人の強盗とともに十字架にかけられた。

「他人は救ったのに、自分は救えないのか！　神の子ならいますぐに十字架から降りてみろ！」

苦しむイエスに、律法学者や祭司長が侮辱的な言葉を投げつける。そしてちょうど昼の12時、突然、周囲が暗くなり、それが3時まで続いた。3時になるとイエスが大声をあげた。

「エリ・エリ・レマ・サバクタニ」

磔刑のキリスト。十字架の上には「ユダヤ人の王、ナザレのイエス」と罪状版がつけられた

（わが神、わが神、なぜ私をお見捨てになられたのですか）

それがイエスの最期《さいご》の言葉だった。

イエスが息を引き取ると、神殿の垂れ幕が裂け、地震が起こった。見張り番たちはその様子を見て、やはりこの人は神の子だったのか、と驚嘆したという。

✝そのとき、マグダラのマリアが見たものとは――

イエスの死を見届けたのは、身の回りの世話をしていた**マグダラのマリア**ら、数人の女性信徒だけだった。

イエスの遺体は運ばれ、岩山を掘ってできた墓穴に葬《ほうむ》られた。

そして3日後、奇蹟が起こる。

「ヨハネによる福音書」によれば、マグダラのマリアがイエスの墓に行くと、石でできた墓穴の蓋《ふた》が取りのけられていた。そして、そこにはイエスの遺体を包んでいた亜《あ》麻《ま》の布（聖骸布《せいがいふ》）だけが残されていた。

途方に暮れたマグダラのマリアが泣いていると、彼女の後ろから、蘇《よみがえ》ったイエスが「なぜ泣いているのか？」と声をかけてきた。

驚くマリアに、イエスはこう告げる。

「私の兄弟たちのところへ行って、こう言いなさい。『私の神であり、あなた方の神である方のところへ私は昇る』と」

（「ヨハネによる福音書」第20章17節）

その日、イエスの弟子たちはユダヤ人の襲撃を恐れ、家の戸に鍵をかけて閉じ籠《こ》もっていた。

するとそこにイエスが現われ、「あなた方に平和があるように」と言って、磔の際の手と脇腹の傷（聖痕《せいこん》）を見せた。

そして、弟子たちにこう告げた。

「あなた方に平和があるように。父が私をお遣《つか》わしになったように、私もあなた方を遣わす」

「聖霊を受けなさい。だれの罪でも、あなた方が赦せば、その罪は赦される。だれの罪でも、あなた方が赦さなければ、赦されないまま残る」

（「ヨハネによる福音書」第20章21～23節）

それからもイエスは、40日間にわたって弟子たちの前に現われ、自分が生きていることを数多くの証拠をもって示し、神の国について話した。

そしてオリーブ山で、

「あなた方の上に聖霊が降《くだ》ると、あなた方は力を受ける。そして、イェルサレムばかりでなく、ユダヤとサマリアの全土で、また、地の果てに至るまで、私の証人となる」

（「使徒言行録」第1章8節）

と告げると、弟子たちが見守るなか、天に昇っていった。

こうして**イエスによる死と復活、そして昇天という一連の奇蹟**は終了したのである。

9 大迫害を乗り越え「ローマ帝国の国教」へ！

イエスは生前、弟子たちのなかから12人を選び、自らの教えを広める使徒に任命した。最後の晩餐の絵画などで有名な**「十二使徒」**だ。

ペトロ、大ヤコブ、ヨハネ、アンデレ、フィリポ、バルトロマイ、マタイ、トマス、小ヤコブ、タダイ、シモン、イスカリオテのユダである。

ただしイスカリオテのユダは、イエスを裏切ってユダヤ教の祭司たちに売り渡し、その罪悪感から自殺したとされている。そこでイエスの死後、ユダの代わりにマティアという弟子が加わり、再び十二使徒となった。

彼らは死と復活、昇天という奇蹟を目《ま》の当たりにし、イエスこそ救世主＝キリストだと確信した。そしてユダヤ教という民族宗教の枠を超え、世界へとキリスト教の布教を始めたのである。

12人の使徒のなかで、もっとも優秀だとされたのが**ペトロ**だ。イエスはペトロの岩のような信仰心の固さを認め（ペトロは岩の意）、**「天の国の鍵」**という権威を授けている。

そのペトロは、ローマ帝国の首都ローマで布教中に皇帝ネロの命令によって、ほかの多くのキリスト教徒とともに逮捕され、処刑されてしまう。罪状はローマ大火の放火犯ということだった。ローマ大火自体、ネロが企てたものともいわれる。

ペテロの遺体はヴァチカンの丘に埋められたが、やがてこの地には**ローマ・カトリックの総本山となるサン・ピエトロ大聖堂**が建立《こんりゅう》される（サン・ピエトロは聖ペトロの意）。

そしてペトロは、**ローマ・カトリック教会の初代教皇**とされたのだ。

ローマ・カトリックの総本山、サン・ピエトロ大聖堂。
「天の国の鍵」を授けられた聖ペトロの埋葬地に建立された

こうした経緯から、ヴァチカンのローマ教会はキリスト教のなかでも特別な存在とされた。そしてヴァチカンの指導者はペトロの威光を継承する特別な存在と見なされ、全カトリックの頂点に立つ教皇となったのだ。

こうして「ローマ的多神教世界」は終わりを告げた

そもそもローマ帝国は、ローマ神話でも知られるように多神教の伝統がある。その流れから、歴代のローマ皇帝も神に近い存在として崇拝されていた。

しかしキリスト教では、多神教はもちろ

ん皇帝崇拝を認めず、激しく批判し、拒絶した。

キリスト教徒がローマ帝国で迫害されたのは、当然だった。迫害は約400年にわたって続いたが、それでもキリスト教徒の数は増えていく一方だった。

そして曲折を経て392年、テオドシウス1世により、キリスト教がローマ帝国の国教となる（26ページ参照）。同時に、ほかのすべての宗教は禁じられた。ローマ帝国ではすべての国民がキリスト教徒となったのだ。

こうして、ローマ神話に代表される多神教世界は終わりを告げることになる。

なぜヴァチカンは〝権威〟であり続けられた？

また、テオドシウス1世は遺言で、広大なローマ帝国を東西に分割し、二人の王子によって分割統治させるように命じた。その結果、帝国は東西に分裂し、キリスト教会のトップもコンスタンティノープルとローマの東西に分かれた。

476年になるとゲルマン人の侵攻によって、西ローマ帝国は崩壊する。だがローマ・カトリック教会はゲルマン人への布教に成功し、世界宗教としての力をますます強めていった。一方のゲルマン人たちも、キリスト教を認めることでローマ人に対する統治がたやすくなると考えた。相互にメリットがあったわけである。

これはきわめて重要なことで、現在まで続く**統治（権力）＝国家、権威＝カトリック（ヴァチカン）というヨーロッパの支配体制の源**となっているのだ。

キリスト教の「五本山」とは？

一方、東ローマ帝国（ビザンツ帝国）は1453年にオスマン帝国によって滅ぼされるまで続き、首都コンスタンティノープルでは東方正教会が大いに栄えた。

東方正教会では、ローマ・カトリックのような教皇を頂点とするピラミッド状の権力構造は構築されず、イェルサレム、アレクサンドリア（エジプト）、アンティオキア（シリア）と、それぞれの地区で教会が発展。コンスタンティノープルとローマを合わせて**「五本山」**と呼ばれた。

ネギ坊主頭で有名なモスクワの聖ワシリイ大聖堂。
ギリシア正教会の布教はロシアまで広がった

また、ギリシア正教会による布教はロシにまで広がった。

989年にはキエフ大公ウラジーミルがギリシア正教（東方正教会）を国教とし、ロシア正教会が成立している。

すでに述べたように、正教会の「正」は「正統（オーソドックス）」という意味で、ローマの「普遍（カトリック）」に対抗するものだ。

それぞれが、それぞれの概念によって、いつの時代も変わらない正統のキリスト教会であることを主張しているわけである。

10
イェルサレムを巡る攻防――「十字軍」の光と影

ローマ帝国でキリスト教が国教化され、ヨーロッパ世界に広まっていくと、イエスが活動した東方の地、つまり**イェルサレムはキリスト教徒にとって重要な聖地**と見なされるようになる。

だが7世紀以降のイェルサレムは、イスラム教徒によって支配されていた。彼らにとってもイェルサレムは、重要な宗教的聖地だったからだ。

と同時にイェルサレムは、ユダヤ教徒にとっても重要な地である。

こうして**イェルサレムを巡る対立**が始まる。

象徴的なのが、かつてイェルサレム神殿が建てられていたとされる場所だ。

ここにはイスラム教の預言者ムハンマドが昇天したとされる「聖なる岩」があり、それを取り囲むように7世紀後半、イスラム勢力によって「岩のドーム」が建設された。

ところがこの「聖なる岩」は、『旧約聖書』においてはイスラエル人の祖アブラハムが、息子のイサクを神に捧げようとした場所とされている。

そこでキリスト教徒からは、いつしか**「聖地奪還」**が叫ばれるようになっていく。


歴史が大きく動いたのは、11世紀だった。


発端は、ビザンツ帝国の皇帝アレクシオス1世が、ローマ教皇ウルバヌス2世に傭《よう》兵《へい》の提供を依頼したことにある。その理由として、聖地イェルサレムの奪還があげられたのである。

もともとは政治的な話だったのだが、これに応じたウルバヌス2世は、1095年に行なわれたクレルモン公会議で、こう訴えた。

「聖地イェルサレムを異教徒から奪還せよ！」

「聖地奪還」の名のもと、イェルサレムでは
多くのイスラム教徒が十字軍の犠牲になった

「異教徒を倒した者は罪が清められ、天国への道が約束される！」

こうして翌1096年、**第1回十字軍**が派遣された。参加したのはフランス、ドイツ、南イタリアの諸公や騎士4500人、歩兵3万人――大部隊だった。

「異教徒を倒せば天国への道が約束される」

「異教徒を倒せば天国への道が約束される」――この言葉は、十字軍兵士の行動に大きな影響を与えた。

彼らは異教徒と見れば降伏した者であっても、あるいは女性や子供、老人であっても、ことごとく殺していった。

実際のところ、当時のイェルサレムはイスラム教徒によって支配されてはいたが、キリスト教徒やユダヤ教徒も平穏に暮らす土地だったし、キリスト教巡礼者への便宜《べんぎ》も図られていた。

だが十字軍には、そんなことは関係なかった。十字軍兵士にとってはローマ・カトリック教徒以外はすべて異教徒であり、聖地を汚す者としか見えなかったのだ。

ある十字軍兵士はのちに手記のなかで、イェルサレムの惨状について得意げに「当然の罰が下されたのだ！」と語っている。まさに、異常な精神状態だった。

十字軍の遠征はその後、1270年まで7回にわたって行なわれた。常に成功したわけではなく、第2回はイスラム勢力の抵抗にあって頓挫《とんざ》。第4回に至っては目的を逸脱してコンスタンティノープルを占領し、ラテン帝国を建国するほど迷走している。

彼らの行動は、聖地奪還という名目のもとの殺戮《さつりく》行軍であったことは間違いない。

そのため2003年には、当時のローマ教皇ヨハネ・パウロ2世が歴史上初めて謝罪し、赦しを求める言葉を公にしている。

「テンプル騎士団」はソロモン王の秘宝を掘り出していた？

なお、十字軍からは、のちに有名になった騎士団が三つ、生まれている。**「テンプル騎士団」「ドイツ騎士団」「聖ヨハネ騎士団」**だ。

もっとも有名なのがテンプル騎士団で、1119年にイェルサレムへ巡礼する人々を保護する目的で設立された。

彼らは修道士であると同時に戦士でもあった。また、財務管理のシステムを活用し、ついには莫大な財産を築くのである。そしてその後、財産を狙ったフランス王フィリップ4世によって壊滅させられている。

彼らの名前の由来は、イェルサレム神殿跡地の伝承がある神殿の丘に宿舎が置かれたことにあった。そのため、彼らは**地下に眠るソロモン王の秘宝**を密かに掘り出したのではないかという噂も広まった。

またドイツ騎士団はプロイセン地方（現・ポーランド北部からリトアニアにかけての地域）を支配し、現在も名称を変えて医療団体、チャリティー団体として活動している。

その事務局内は“領土なき国家”として
イタリア政府から治外法権が認められている
マルタ騎士団

聖ヨハネ騎士団も、「マルタ騎士団」と名前を変えて活動しており、ローマ市内の事務局内では、いまもイタリア政府から〝領土なき国家〟として治外法権が認められている。

11 ルターの疑問から始まった「宗教改革」

西ローマ帝国は、476年にゲルマン人によって皇帝が追放され、事実上滅亡したが、ローマ・カトリックは「権力＝王」、「権威＝カトリック」というように力を分散し、互いに認め合うことでゲルマン人と共存の道をたどる。

だが、それはやがて教会の形骸《けいがい》化・権威主義化という腐敗につながっていく原因になった。先に見た十字軍の派遣にしても、そうした悪例の一つといえるだろう。

そんなカトリック教会に対する不満が噴出したのが、**宗教改革**である。

その結果、キリスト教世界には**プロテスタント**という三つ目の巨大教派が生まれた。

プロテスタントとは、ローマ・カトリックに対して**「抗議する者」**という意味だ。

では、だれがどのように抗議したのか？

きっかけは教皇レオ10世の「免罪符」

きっかけとなったのは1515年、フィレンツェのメディチ家出身であるローマ教皇レオ10世が、サン・ピエトロ大聖堂の改築工事資金にするという名目で**贖宥状**《しょくゆうじょう》**（免罪符**《めんざいふ》**）**を発行したことだった（発行した場所はドイツ）。

ローマ教皇は、イエスから「天の国の鍵」を託されたペトロの魂を継ぐ者である。その教皇が、「贖宥状を購入すれば、だれもが悔い改めもなしに天国に行ける」と宣言したのだ。イエスの教えを金銭と引き換えに売ったようなものである。

当然ながら贖宥状は飛ぶように売れた。売れたがゆえに、大きな議論を呼んだ。

こうした動きに対して反発したのが、ドイツの修道士でありヴィッテンベルク大学の神学教授でもあった**マルティン・ルター**だった。

1517年10月、ルターは贖宥状の効用と教皇の権威に対する**「九十五カ条の論題」**を提出。ローマ教皇に対して堂々たる「抗議」を行なったのである。こうして、「宗教改革」の波が起こったのだ。

ちょうどこの時代、ヨーロッパではグーテンベルクによる活版印刷技術が普及し始めているときだった。ルターによって書かれた「九十五カ条の論題」も印刷されることで、またたくまに拡散し、ドイツ社会に大きな影響を与えたのである。

ちなみに贖宥状自体もこの印刷技術の発展によって大量に刷られたのだから、なんとも皮肉なことである。

「九十五カ条の論題」によって、堂々とローマ教皇の権威に挑戦したルター

「聖書」をドイツ語に翻訳! プロテスタント続出

私たちは、キリスト教徒というと「聖書」の存在が日常生活に不可欠

なものだと考えるが、この時代のドイツあるいはヨーロッパ社会では、**「聖書」は「新約」も「旧約」もラテン語で書かれたもの**しか存在していなかった。

そのため、ほとんどの人は「聖書」を読むことができなかったのだ。

逆にいえば教会の聖職者や神学者たちは、「聖書」を独占的に読むことができる立場にいた。そのため、さまざまな利益を得ていた。

カトリックでは頂点に教皇を戴き、枢機卿《すうききょう》、大司教、司教、司祭（神父）という序列がある。そして彼らが、一般の人々と神との間を取り持つ、というスタイルになっている。

その意味では、一般信者は「聖書」を読めないほうが、彼らにとって都合がよかったのだ。

そのなかでルターは、あくまでも「聖書」の記述をもとに教皇批判を行なった。

彼は、自らの論の正しさを証明するために、**「聖書」をドイツ語に翻訳**し印刷することで、**多くの人が直接、「聖書」を読める環境づくり**を行なったのである。

こうして「聖書」を自ら読み、ローマ教皇の姿勢に反感を持つ人々が増え、ルターの論に同調する者が続出した。これがプロテスタントの誕生なのだ。

このように**宗教改革＝プロテスタント運動の主眼は、教会関係者の特権の否定と「聖書」第一主義**ということになる。

プロテスタントは、すべての人は神の前では平等であり、仲介者など不要だとした。重要なのは個人個人の神への信仰であって、それには「聖書」がだれにでも読める環境が必要である、としたのだ。

こうして「聖書」は、次々と各国の言語に翻訳され、プロテスタントは各国に広まっていったが、神の下に平等であるという性質上、さまざまな教派が生まれることは避けられなかった。

具体的には、ルター派のほかにも、カルヴァン派や「イギリス国教会」（カトリックとプロテスタントの折衷《せっちゅう》色が強い）などが生まれたのである。

12

大航海時代──「布教」と「植民地化」はワンセットで

ヨーロッパでプロテスタント運動の波が広まると、ローマ・カトリックの力は次第に弱まっていくが、彼らも黙って見ていたわけではなく、さまざまな対抗措置が講じられた。

まずは、宗教裁判や異端審問を復活させて、プロテスタントに対する締めつけや抑圧を行なった。その結果、財産を没収される者、終身刑や死刑を宣告される者もいた。

その一方で公会議を開き、自らの引き締めも行なっている。

だが、それでもプロテスタントの勢いは一向に収まらなかった。そこでカトリック勢力が目をつけたのが、アジアやアフリカ、あるいは当時は「新大陸」と呼ばれた南北アメリカ大陸への布教だった。

その際に中心的役割を果たした団体の一つが、戦国時代の日本にもやってきた**「イエズス会」**である。

イエズス会は1534年にイグナチオ・デ・ロヨラによって設立され、1540年にはローマ教皇パウルス3世から正式に認可されたカトリックの司祭修道会だ。

修道会とはいえ、当時は反宗教改革の尖兵《せんぺい》として動き、教皇のためなら命を投げ出すことも厭《いと》わないという戦闘的集団だった。

折しも世は、大航海時代である。船に乗って大海に乗り出した彼らの布教活動は、**「新世界の植民地化」とセット**になっていた。軍隊は武力で、商人は経済で、そして修道士は宗教（カトリック）で人々を制圧しようとしていたわけである。

なぜ中南米にカトリックが多いのか？

現在の南北両アメリカ大陸を見ると、キリスト教徒の分布はおおむね**北米がプロテ**

スタント、中南米がカトリックというように分かれている。

アメリカは「WASP《ワスプ》（White, Anglo-Saxon, Protestant）」という初期の入植者の特徴を指す言葉に象徴されるように、プロテスタント系が多い。これは、当時の植民地支配の過程の違いによるものだ。

大航海時代、もっとも熱心に海外へ向かったのは**ポルトガル**と**スペイン**だった。両国は宗教改革の波もそれほどかぶらず、ヨーロッパのなかでも熱心なカトリックの国だった。そのため、多くのカトリック宣教師が両国の船に乗り、中南米での布教を目指したのである。

しかも、目指す地にはエルドラド——黄金郷があるといわれていた。彼らはジャングルに分け入りながら現地で富を収奪し、先住民を武力で従えて植民地化を進め、さらにカトリックによって土着の宗教を捨てさせた。

だからいまでも中南米では、ほとんどの国がスペイン語が公用語になっている（ブラジルはポルトガル語）。

ピューリタン（清教徒）たちは新天地を求めて
「メイフラワー号」に乗り込み、北米大陸に到着した

「信教の自由」の象徴――ピルグリム・ファーザーズ

一方、北米大陸へ進出したのは、主にイギリスだった。彼らの場合、新大陸の植民地化というよりも、イギリスを脱出して新天地を求めることが目的だった。

入植のシンボルとしてよく語られるのが、**「メイフラワー号」**だ。

1620年にイングランドのプリマスを出て、北米大陸を目指したこの船には102人の乗客がいたが、そのうちの約3分の1がイギリス国教会の迫害を受けた**ピューリタン**（清教徒。イギリス国教会の改革を訴えたカルヴァン派のプロテスタント）だったという。

彼らは信教の自由を訴え、新天地を求めてこの船に乗った。そのためメイフラワー号は、アメリカにおける信教の自由のシンボルとされ、彼らは**「ピルグリム・ファーザーズ」**と呼ばれた。

こうして北米大陸は、プロテスタントの国となった。

現在もアメリカ合衆国では国民の8割がキリスト教徒で、その多くをプロテスタントが占めている。ただ、これまで見てきたようにプロテスタントは、カトリックのような一枚岩の組織ではない。多くのプロテスタントの集合体だ。

また、その後はユダヤ系ロシア人の流入によるユダヤ教徒や、アイルランドなどのカトリックの国からの移民によるカトリックが増え、現在では必ずしもプロテスタントが圧倒的とはいえなくなっている。

さらにはイスラム教徒なども加わって、現在のアメリカは人種のみならず、宗教においても混沌《こんとん》とした国家になっているのだ。

13 ザビエルの日本上陸とキリシタン弾圧

カトリックの世界布教の波は、戦国時代の日本にも押し寄せてきた。

1549年、**イエズス会のフランシスコ・ザビエル**らが、インド・マラッカ経由で鹿児島に上陸したのだ。

彼らには腹案があった。当時の書簡でザビエルは、こう明言している。

「日本へ着きましたら、国王のいるところへ行こうと決めている」

「国王」とは天皇のことだ。来日前からザビエルは、日本には天皇という国王がいることを知っていた。天皇をクリスチャンにすれば、トップダウン方式で日本国民をクリスチャン化できると考えていたのである。

その情報をザビエルに与えたのは、フィリピンで出会ったヤジロウ（アンジロウとも）という鹿児島生まれの倭寇《わこう》（海賊）だったといわれている。ヤジロウは日本について彼に、こう説明した。

「第一の王（天皇）は、この国にいる宗教家たちを統轄《とうかつ》している。あらゆることに絶対的な権限を持っているが、あらゆることをゴショ（御所＝将軍）と呼ばれる者に任せている」

ザビエルはこの説明で、日本には二人の国王がいるということを知った。これは、ローマ教皇と国王（皇帝）の関係のようものだと考えたのである。


鹿児島に着いたザビエルはまず、領主である島津《しまづ》貴久《たかひさ》に会い、布教の許可を得たうえで1551年、京都に入る。ところが京都は応仁《おうにん》の乱（1467〜77年）の荒廃からまだ立ち直っていなかった。

将軍の足利義輝《あしかがよしてる》は近江《おうみ》に逃れていて京都にはおらず、「第一の王」である後奈良天皇も謁見《えっけん》を許してはくれない。

「天皇への謁見」をあきらめ、戦国大名のもとへ

天皇への謁見をあきらめたザビエルは、中国地方や九州で戦国大名の**大内義隆**《よしたか》や**大友宗麟**《そうりん》の力を借りてキリスト教の布教を開始。以後、イエズス会の日本における布教活動は、ザビエルのそれに倣《なら》うことになる。

フランシスコ・ザビエルは
戦国大名の力を借りて布教した

だが、やはり「京都」というブランドの力を無視することはできなかったようだ。

ザビエルの十数年後に日本を訪れた宣教師の**ルイス・フロイス**は、その著書**『日本史』**のなかでこう書いている。

「都で受け入れられるものは、遠隔

の諸地方で尊重され、そこで評価されないものは、ほかの諸国ではほとんど重んぜられない」

そこで、宣教師ガスパル・ヴィレラは将軍・足利義輝に謁見し、1560年に京都で布教を行なう許可を得た。

ところが1565年、義輝が暗殺され、正親町《おおぎまち》天皇の綸旨《りんじ》によって、日本最初のキリスト教宣教師追放令（大うすはらい〈でうすはらい〉）が出されてしまう。日本国内における全面的な禁止令ではなく、あくまでも京都からの追放ではあったが、ダメージは大きかった。

信長はキリスト教に寛容だったが――

そこに登場したのが**織田信長**《おだのぶなが》だ。

1568年、信長は足利義輝の弟・義昭《よしあき》を奉じて上洛《じょうらく》した。

フロイスはさっそく京都に向かい、信長と義昭に謁見を願い出る。信長は正親町天皇の綸旨を無視し、宣教師の京都居住を許可しただけでなく、彼らに保護を与えるという朱印状《しゅいんじょう》まで出したのだ。

これに対して正親町天皇は、再び宣教師追放の綸旨を下して対抗するが、信長はフロイスにこう嘯《うそぶ》いたという。

「内裏《だいり》（天皇）も公方《くぼう》（将軍）様も気にするには及ばぬ。すべては予の権力の下にあり、予が述べることのみを行ない、汝《なんじ》は欲するところにいるがよい」

だが、1582年の本能寺の変で信長が斃《たお》れたことで、状況はまたも大きく変化し、次に登場したのが**豊臣秀吉《とよとみひでよし》**だ。

秀吉の輩下には高山右近《うこん》、蒲生氏郷《がもううじさと》、小西行長《ゆきなが》など、いわゆる**「キリシタン大名」**が数多くいた。1585年に関白《かんぱく》となった秀吉は、翌年、キリスト教の「布教許可状」を発給する。

ところが徳川時代になると、家康がキリスト教を全面的に禁止するという方向に舵《かじ》を切った。

浦上の潜伏キリシタンが流された津和野の乙女峠では
見せしめのために信者が「三尺牢」に入れられた

あの有名な**「島原の乱」**（１６３７年）での徹底的な鎮圧攻撃や、**「絵踏《えぶみ》」**などに代表される弾圧政策がとられたのである。

明治維新後の１８７３年にキリスト教禁止令が解かれるまで、日本のキリスト教徒は、地下に潜伏《せんぷく》することになる。いわゆる「潜伏（隠れ）キリシタン」だ。

あと数年で禁教令が解かれる明治の世になっても、キリシタン弾圧は行なわれた。

たとえば、長崎・浦上の潜伏キリシタンが、津和野（島根県）に配流《はいる》され、過酷な拷問の末、37人が殉教している（「浦上四番崩れ」）。

14

なぜ人々は聖母マリアを崇敬してやまないのか

さて、キリスト教徒にとって、**イエスの母であるマリア**はどういう存在なのか？

つまり、マリアの聖性についてどう考えているか、だ。

そもそもマリアは、神の子であるイエスの母だから、その意味では人間を超越している。

ところがキリスト教では、ヤハウェ（創造神）以外の神は認めていない。「三位一体説」で述べたように（23、24ページ参照）、イエスも聖霊（天使たち）も、神とは一体の存在なのだ。

ならば、マリアはどのような位置づけなのか。

✝「私は無原罪の御宿りである」

マリアはヨセフと婚約していながら、処女のまま神の子イエスを身ごもった。その後、男性と交わることなく天に昇った。

つまりマリアは、すべての人間が背負っている原罪から解放された、最初にして唯一の女性である。これを**マリアの「無原罪」**という。

ただし、この考えが成立したのは比較的最近で、正式にカトリックの教義となったのは19世紀に入ってからのことだ。

ちなみに次項で述べる**「ルルドの奇蹟」**において、出現した聖母マリアが**「私は無原罪の御宿《おんやど》りである」**と名乗ったのは、この考えが公式に認められてからわずか数年後のことだった（教義としては、マリアが母アンナの胎内に宿ったときから原罪を逃れていた、という意味）。

だからこそ、ルルドの奇蹟は、本物の聖母マリアが出現したに違いないと信じられたのである。

ともかく、こうしたことから**カトリックでは、聖母マリアは人間でありながら、もっとも神に近い特別な存在**と考えられるようになった。

そして修道女たちは、マリアのように純潔を通して毎日を祈り暮らしていけば、最後の審判でマリアのように天に召されることができると信じているのである。

カトリックの聖母マリア崇敬を象徴するムリーリョの名作『無原罪の御宿り～エル・エスコリアル』

死後も腐敗しない修道女の遺体がヴァチカンによって奇蹟認定されるのは、マリアのように神の救済にあずかった者は、最後の審判における救済が約束されているので、その肉体も朽《く》ちることがない、という思想によるものだ。

それだけではない。息子であるイエスが執り行なう最後の審判の場で、マリアは自分たちの罪をとりなし、助けてくれる慈悲深い守護聖人と見なされているのだ。

「聖書」には聖母マリアを礼讃する記述なし

このようにカトリックの特徴として、**「マリア崇敬」**というものがある。ただしこれは**「マリア崇拝」**とは厳密に区別される。キリスト教では、マリアを神のように崇拝する行為は禁止されているのだ。

では、なぜカトリックではマリア崇敬が認められているのか。これはマリアを崇拝するのではなく、イエスを産んだ聖母マリアを仲介者として、神への取り次ぎを願う行為だからである。

ただし、この解釈は微妙で、宗教改革においてルターは、マリアは神の恩寵《おんちょう》によって神の母とされただけであって、あくまでもただの人間である、とした。だから**プロテスタントでは、基本的にマリア崇敬も否定**する。

彼女を称賛すべきはイエスを懐妊したという、そのことだけであって、それ以外はいかなる礼讃《らいさん》もすべきではない、と考えているのだ。

実際、「聖書」には特別にマリアを礼讃するような記述は見られない。だからマリア崇敬が広まったのは、前述のようにかなり時代が下ってからのことだったのである。

「罪深い女」のイメージで語られがちなマグダラのマリア。イエスの死と再生を見守った

ところで、十二使徒こそ全員が男性だったが、イエスの周囲にはたくさんの女性たちもいた。

たとえば、もっともイエスの近くにいたとされる**マグダラのマリア**は、磔にされたイエスを遠くから見守り、その埋葬《まいそう》を見届けている。

そして、イエスの遺体がな

くなっていることに最初に気づき、しかも復活したイエスから言葉までかけられているのだ（54ページ参照）。

そのため、マグダラのマリアは、**イエスの死と再生を見守った人物**として、聖人に認定されている。

ここでは紹介しないが、イエスに近い女性はたくさんいる。そのなかでも聖母マリアによる救済は、ときにはイエスによる救済以上に多くの人々の心をとらえてきた。

そしてそれが、次項で述べる**「聖母の奇蹟」**へとつながっていくのである。

15

今日も世界各地でマリア像が涙を流している

イエスの母である聖母マリアには、具体的な奇蹟が起こっている。

たとえば**マリア像が涙を流す**というのは、世界各地で見られる現象だ。似たようなものとして、マリア像から香油《こうゆ》が流れたり、服や肌に血が滲《にじ》むこともある。

科学的な原因は不明だが、「神の奇蹟」とする説もあるし、逆に悪魔による誘惑の一種として否定する説もある。

具体的な例を紹介してみよう。

「秋田の聖母像」の落涙

たとえば日本でも、涙を流すマリア像の奇蹟が話題になったことがある。

秋田県秋田市添川《そえがわ》湯沢台にあるカトリック修道院「聖体奉仕会」の「秋田の聖母像」が、それだ。

このマリア像は、秋田市の彫刻家・若狭三郎氏によって1963年に彫られたもので、純和風建築の聖堂に安置されている。

「カトリックが日本の精神風土に根づくように」との願いが込められた聖堂は、宮大工によって日本の伝統的な寺社建築の技法（入母屋《いりもや》重層造り）で、7年の歳月をかけて建てられたという。

台座も含めて高さ約1・2メートルの木彫りのマリア像が涙を流し始めたのは、1975年1月4日の朝のこと。

その両目から涙がこぼれ落ちる出来事は、連日のように繰り返されることもあれば、日が空くこともあったというが、1981年9月15日までの間に、101回も続いた。

木彫りのマリア像の両目から涙が流れるたびに、シスターたちはマリア像の前に集まって祈りを捧げ、司祭が涙をぬぐったという。

そして、この「落涙」は、のちに秋田大学と岐阜大学の両法医学教室で鑑定したところ、「ヒト体液」であると判定されたという。

「ルルドの聖母」と難病をも癒す「ルルドの聖水」

もう一つ、世界的に有名な奇蹟を紹介しておこう。

1858年2月11日、**フランス南西部、ピレネー山脈の麓の町ルルド郊外にあるマッサビエルの洞窟《どうくつ》**のそばで、14歳の少女ベルナデッタが薪拾《たきぎ》いをしていると、そこに突然、聖母マリアが出現した。

柔らかい光に包まれ、白い服を着て青い帯をつけた若くて美しい女性だったという。

そしてマリアはベルナデッタに、継続的にメッセージを告げるようになった。

聖母マリアは計18回出現したというが、ベルナデッタは、彼女が聖母だとは気づい

聖地ルルドのマリア像とマッサビエルの洞窟

ていなかった。

だが、話を聞いた地元の神父が、その女性に名前を聞くようにベルナデッタに頼むと、その女性は自分を「無原罪の御宿り」、つまり聖母マリアであると告げたという。

その9回目の出現時、聖母マリアはベルナデッタに、洞窟の岩の下の泉で水を飲み、顔を洗うように指示した。見ると泥水が少しだけ湧いていたが、それはやがて清水となり、飲めるようになったのだ。

これが病を癒す奇蹟の水、ルルドの聖水の始まりだった。

ルルドの聖水は、難病も治す力があるとされている。
カトリック教会の調査の結果、奇蹟と認定された事例も60を超えた。
そしていまも、この田舎の町には数多くの人々が巡礼に訪れてくるのだ。

謎めいた「ファティマ第3の予言」とは？

最後に、聖母が行なった有名な予言についても紹介しておこう。
1917年5月13日から複数回、ポルトガルの小さな町ファティマで、3人の子供たちの前に聖母マリアが出現し、三つの予言を行なうという出来事があった。

1：**第一次世界大戦が終結する（当時は、第一次世界大戦のまっただ中だった）**
2：**悔い改めなければ、さらに大きな戦争（第二次世界大戦）が勃発する**
3：**1960年になったら公開する秘密の予言**

1と2は見事に的中したが、問題は最後の予言だ。これは「ファティマ第3の予言」と呼ばれているが、なかなか発表されることはなかった。

2000年には、1981年に起きた「教皇暗殺未遂事件」(ヨハネ・パウロ2世がヴァチカンのサン・ピエトロ広場で銃撃され、重傷を負った)のことだったと教皇庁から発表されたが、これにはいまだ多くの謎が残されているのだ。

16 驚くべき「イエスの聖遺物」

キリスト教（とくにカトリック）では、聖者やそれに連なる人が残した物品を**「聖《せい》遺物《いぶつ》」**と呼んで、信仰や崇拝の対象としてきた。

たとえば、イエスとその受難にまつわる遺品はその最たるもので、ほかにも聖母マリアの遺品や歴代の聖人たちの遺体など、きわめて多岐にわたっている。

前述のように、キリスト教には「聖餐」と呼ばれる、イエスの「最後の晩餐」に由来する重要な儀式がある。カトリック教会では「聖体祭儀」もしくは「聖体の秘跡」、プロテスタントでは「聖餐式」、東方正教会では「聖体礼儀」「聖体機密」「領聖《りようせい》」な

バレンシア大聖堂に保管されている聖杯。
「最後の晩餐」で使用された杯なのか？

どと呼ばれている。

イエスは捕らえられる前に12人の弟子たちと食事をともにしたが、記念としてこの食事会をこれからも行なうようにと命じた。

そのときにパンを取り、「これが私の体である」と言い、さらに葡萄酒の杯を取って「これが私の血である」と言った。

以来、キリスト教徒はキリストの復活を祝うために毎週日曜日、聖餐を行なってきた。その聖餐において重要な役割を果たすのが、イエスの血＝葡萄酒を満たす杯で、これを**「聖杯」**と呼ぶ。

なかでも特別な宝が、**イエスの最後の晩餐で使われたとされる聖杯**で、これはイタリアのジェノヴァ大聖堂、スペインのバレンシア大聖堂、アメリカのメトロポリタン美術館などで複数保管されている。

また西ヨーロッパには、十字架上のイエスの血が注がれたという聖杯の伝説もある。これには病気を癒す力があるとされ、「アーサー王物語」では騎士がこの聖杯を求めて旅に出ることになる。

世界を制する力を与えられる?「ロンギヌスの槍」

ゴルゴタの丘でイエスは処刑された。このとき、生死を確かめるために十字架に磔にされたイエスの脇腹を、ある兵士が槍《やり》で突き刺したといわれている。その兵士の名をロンギヌスという。

この、イエスを刺した――つまりイエスの血を吸った――槍は、聖なる力を宿したとされ、**「ロンギヌスの槍」**と呼ばれるようになったのだ。たとえばロンギヌスは白内障を患《わずら》っていたが、このときにイエスの血が目のなかに入ったことで視力が戻ったという伝説もある。

「ロンギヌスの槍」も世界にいくつか存在する。

ウィーン王宮博物館に
展示されている
「聖槍ロンギヌス」のレプリカ

一つはコンスタンティノープルにあったとされるもので、その後、紆余曲折を経て、現在はヴァチカンのサン・ピエトロ大聖堂に保管されているという。

そしてもう一つは、ウィーンのホーフブルク宮殿保管のもの。こちらは神聖ローマ帝国（ドイツを中心とした複合国家）の王権の象徴とされた。

この槍を手にした者には世界を制する力が与えられるという。若き日のヒトラーはこの槍と出合ったことで、「世界征服」へ歩み出したともいわれている。

✝ イエスの遺体を包んだ?「聖骸布」

最後に、イエスの遺体を包んだとされる布**「聖骸布」**(54ページ参照)についても触れておこう。

現在、イタリアのトリノにある聖ヨハネ大聖堂で保管されているこの聖骸布だが、噂は6世紀からあった。世に出てきたのは14世紀で、フランスで発見され、16世紀中頃にはトリノにもたらされている。

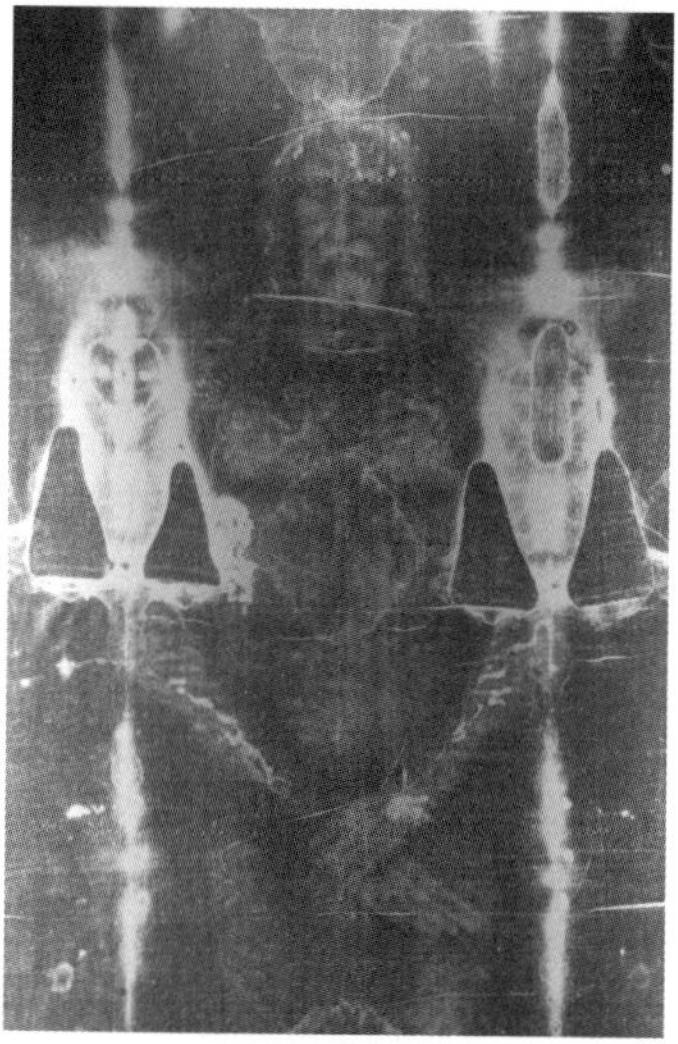

イエスの遺体をくるんだという「聖骸布」。真偽をめぐって論争が続いているという

大きさは、約4・4メートル×1・1メートルほどだが、驚くべきはその布に、身長約180センチの男性の全体像が写真

のネガ・フィルムのように浮かび上がっていることだ。

それもかなり鮮明で、顔・手首・足・脇腹部分には血痕《けっこん》らしきものも確認できる。

興味深いのは、布に「転写」された肉体の傷が「聖書」の記述にぴたりと一致していることだ。

たとえば顔の右目の下や鼻、右頬《ほお》などに腫《は》れが見られること、背中や胸、太ももに鞭で打たれたような傷があること、さらに額と後頭部には、荊の冠によってつけられたような血痕が見られる。

また、傷つけられたあとで何か重いものでこすられたような痕が、右肩に確認できるのである。

つまりこの男性は、磔にされたイエスだというのである。

なお、聖骸布は現在、ローマ教皇に所有権が引き渡されている。数年に一度、一般公開されているが、基本的には非公開でレプリカが展示されているだけだ。

17 キリスト教の「終末観」

人が死ぬことを、よく「天国に行った」と表現するが、**天国**とは何だろう？

簡単にいえば「**神の国**」のことである。しかし、死ねばだれでも無条件に行けるようなところではない。

もともとユダヤ教では、世界が終わると神による「最後の審判」が行なわれ、死者は天国と地獄に振り分けられると考えられていた。このとき天国に行くことができれば、神の国という永遠の楽園で暮らせるという。それがユダヤ人の救いだった。

キリスト教では、この「最後の審判」は再臨したイエスによって行なわれるとされている。逆にいえばイエスが再臨するまでは、決して天国へは行けないのである。

✝「ヨハネの黙示録」に書かれたハルマゲドンとは

では、イエスはどうやって再臨するのか？　その過程が書かれているのが**「ヨハネの黙示録」**だ。そこに描かれた終末観を簡単に見てみよう。

まず天界の玉座《ぎょくざ》にある巻物の七つの封印が、子羊によって順次、解かれていく。次に七つのラッパが吹き鳴らされ、魔王サタンが地上を支配し、災いが地上に降り注ぐ。こうして大地震が起こり、**「最終戦争＝ハルマゲドン」**によって世界は崩壊する。

ただし、「ハルマゲドン」という言葉には注意が必要だ。一般にそれは、あたかも人類が滅びる最終・最悪の破滅的戦争というイメージでとらえられている。たとえていえば、かつての米ソ冷戦時代における核戦争のように、だ。

しかし「ヨハネの黙示録」のハルマゲドンは、そうした破滅的な戦争を意味しているのではない。同書には、こうあるからだ。

「また見ると、竜の口から、獣の口から、にせ預言者の口から、かえるのような三つの汚れた霊が出てきた。

これらは、しるしを行なう悪霊の霊であって、全世界の王たちのところに行き、彼らを召集したが、それは、全能なる神の大いなる日に、戦いをするためであった」

「三つの霊は、ヘブライ語で『ハルマゲドン』と呼ばれる所に、王たちを召集した」

（「ヨハネの黙示録」第16章13、14、16節）

ここからわかるのは、最終戦争のために悪魔によって王たちが招集される場所、そこがハルマゲドンだということなのだ。

地獄＝神との交わりが絶たれた場所

その後、神の裁きによってサタンは封印され、神が直接支配する「千年王国」が築かれる。ところがやがてサタンが再び地上に放たれ、王国は大混乱に陥る。ここで神が最後の罰としてサタンを地獄に堕《お》とし、世界から「悪」が消え去るのだ。

こうしてようやく、イエスが再臨する。

イエスによってすべての人が裁かれ、永遠の命が与えられた者は神の国＝天国に、そうでない者は地獄へ堕とされるのである。


そのとき、**判断材料とされるのは、その人の生前の行状が記された書物と命の書だ**という。

つまり、どのような言い訳も通用しないわけだ。

いわばこれがキリスト教のゴール、「上がり」なのである。


では、**地獄**とはどういうところなのか？

ひと言でいうと、**「神との交わりを絶たれた場所」**ということになる。

「ヨハネの黙示録」ではそれを「火と硫黄《いおう》との池」と表現している。

神の救いが得られないのだから、要するに出口のない（救いのない）世界ということだ。

ここに堕とされれば、二度とその魂が救われることはない。

そこは悪臭漂う荒れ野で、先の尖《とが》った岩やトゲだらけの小枝で覆《おお》われた土地であり、堕とされた者はその血の池や燃える溝、糞尿《ふんにょう》だらけの穴に漬けられ、毒虫や怪物に責め苛《さいな》まれるばかりだ。

そんな苦しみだけが永遠に続く世界であり、いっさいの希望が失われた世界なのである。

コラム

2000年の眠りから覚めた「死海文書」

1947年のことだ。イスラエルのヨルダン川西北地区（死海の北西）にある**キルベト・クムラン**と呼ばれる遺跡の近くの洞窟で、ベドウィン族の羊飼いの少年が壺に入れられた多数の巻物を発見した。

なんとそれはヘブライ語による「聖書」（『旧約聖書』）の最古の写本を含む古文書群で、のちに年代測定が行なわれた結果、紀元前250年頃から紀元70年の間に作製されたものだということがわかった。つまり、まさに**イエスが活躍した時代の貴重なユダヤ教の経典を含む文書群**だったのである。

現在、これは**「死海文書《ぶんしょ》（写本）」**と呼ばれている。

発見されている「死海文書」は全972篇にも及ぶが、その具体的な内容を見てみよう。

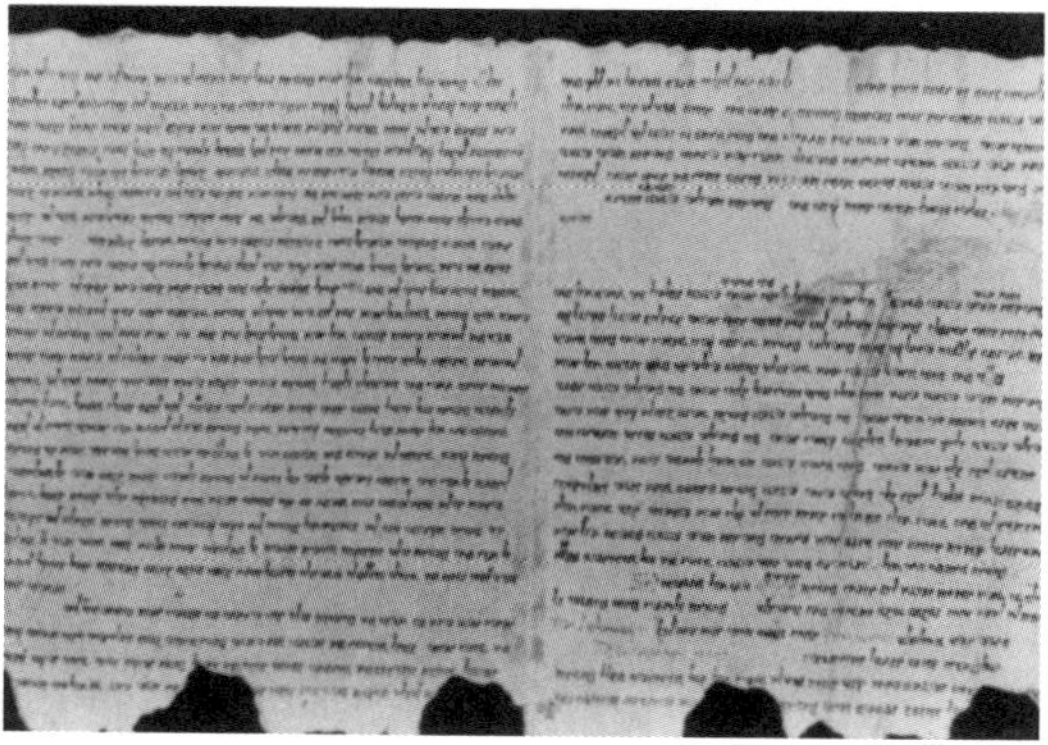

20世紀にクムラン洞窟で発見された「死海文書」。
その内容は全世界に衝撃を与えた

★『旧約聖書』の写本

全体の4分の1を占めるのが『旧約聖書』だ。驚くことに現在に伝わるものとほとんど同じ内容で、一部を除くほとんどすべての「正典《せいてん》」はもちろん、「外典」（「正典」から除かれた文書群）や「偽典《ぎてん》」（「正典」「外典」以外の「聖書」とは認められない書）までもが含まれている。

　これは、それまで最古とされていた『旧約聖書』の写本よりも、さらに1000年も遡《さかのぼ》る貴重な『聖書』資料である。

★『旧約聖書』の注解書

「死海文書」には、『旧約聖書』の解説書まで存在していた。これを読むことで、200

0年前の人々が『旧約聖書』をどのように読み、どのように解釈していたのかまで知ることができるようになったのである。

「死海文書」を作製した教団の実態がわかる文書

「死海文書」を残したグループは「クムラン宗団」と呼ばれる。

現在では異論もあるが、「クムラン宗団」はユダヤ教のエッセネ派に属するとされ、市中で力を伸ばした。現在のユダヤ教のルーツとなったファリサイ派とは一線を画し、集団で律法遵守の宗教的生活を送ったとされる。

その彼らの思想と生活を、これらの文書から伺うことができる。

たとえば、彼らが守るべき規律が書かれた「宗規要覧・会衆規定」では、ユダヤ教では見られない光と闇の二元論的世界が展開される。

そして「光の子と闇の子の戦い」では、この光の子と闇の子の間で繰り広げられる、終末における善悪の戦いの様子が描かれていく。

また、24篇の神への「感謝の詩篇」や、『旧約聖書』「創世記」を補完する「外典創世記」、理想のイェルサレム神殿建設計画について書かれた「神殿の巻物」と、その宝物の隠し場所を記した「銅の巻物」などがある。

ところで、このクムラン宗団は、初期キリスト教に深く関係していたのではないかという指摘もある。というのも、**イエスに洗礼を施《ほどこ》した洗礼者のヨハネは、エッセネ派=クムラン宗団に属していたのではないか**という説があるからだ。

また光と闇の二元論や、自分たちを「光の子」と呼ぶこともキリスト教に共通している。そして、「聖書」で預言された「終末の日」が近いと認識していることも、だ。

残念ながら現在のところ、完全にキリスト教と結びつくような文書は発見されていない。

しかし、「死海文書」がもっとも古い『旧約聖書』の写本であるということは、今日に伝わる「ヨハネの黙示録」やイスラム教の『コーラン』などに描かれた「終末預言」の原典にもっとも近い文書であることは間違いない。

そうであればこれは、やはりキリスト教の思想をベースにして書かれた、あの「ノストラダムスの予言詩」にも通じる、いわばルーツのようなもの、ということもできるだろう。

なお、２０２１年になって65年ぶりに新たな「死海文書」の断片が複数、発見され、世界中で大きな話題となった。

III

「イスラム教」は、なぜこんなに純粋なのか

……「最後の預言者」ムハンマドの生涯から中東の戦火まで

1 イスラム教とは「神への絶対服従」の宗教である

キリスト教が「愛の宗教」なら、**イスラム教は『コーラン』（教典）**の宗教といえる。『コーラン』に書かれているのはそのまま神の言葉なので、**「神の言葉に対する絶対服従の宗教」**ということでもある（ちなみに、「コーラン」のより正しい発音は「クルアーン」である）。

実際、ムスリム（イスラム教徒）は全身全霊をもって、神＝アッラーに服従しなければならないとされる。

そもそも**「イスラム」という言葉自体が、「唯一神であるアッラーに無条件に従う**

ムハンマドに唯一神アッラーの啓示が降りた地、
メッカの「マスジド・ハラーム」(聖なるモスク)

こと」という意味なのだ。

「イスラム」はそれ自体が宗教名であって、「イスラム教」とはいわないという主張もある(詳細は後述)。

『コーラン』——神はすべてを語り終えた

イスラム教は西暦610年頃、アラビア半島のメッカ(現・サウジアラビア)の商人**ムハンマド(マホメット)に、唯一神であるアッラーの啓示**が降りたことに始まる。

以降、ムハンマドは布教を開始し、それがアラブ社会から世界に広まっていった。

イスラム教の神アッラーは、ユダヤ教やキリスト教の神ヤハウェと基本的には同じと見なされている。この神はユダヤの民に対しては、モーセやダヴィデ、イエスなど複数の預言者を通じてさまざまメッセージを送ってきた。

しかし、同じ砂漠の民であるアラブ人には、何も言葉は与えられなかった。そのため当時は、「アラブ人は神に見捨てられた人々」と揶揄《やゆ》されたこともあったという。

しかし、ムハンマドに神の啓示が降りたことで、状況は一変した。それどころか、彼らはそれによって優位に立ったといってもいい。

なぜなら、それまで人々に与えられてきた神による啓示は、必ずしも正しく伝えられてこなかったので、神はムハンマドを通じて『コーラン』という最終的かつ絶対的に正しい言葉を与えてくださった、とされたからだ。

と同時に、これによって**神はすべてを「語り終えた」とも解釈**された。それゆえ『コーラン』は、最後にして最良、絶対的な神の言葉と見なされた。

だからこそ彼らは、『コーラン』を正しく維持することに心血を注いだのだ。『コーラン』の教えどおりに行動し、生きることで、神の示された道を歩もうとしたのである。

イスラム世界に『コーラン』に基づいた法律、「イスラム法」が存在するのは、そのためだ（ただし、現実には『コーラン』だけでは対処しきれない事例も多い）。

アラブの人々を一つにまとめあげた「強力な原動力」

イスラム教が生まれた背景には、**当時のアラビア半島の特殊な状況**がある。

メッカがあるアラビア半島西部は、東はインド、南はアフリカ、そして北はイスラエルと、交易ルートの中継地として大いに栄えていた。

アラブ人の多くは**遊牧民（ベドウィン）**として砂漠を移動し、その隊商から各地の特産品を買い受けた商人たちが、メッカやメディナといった町で商売をしていた。

そのメッカに豪商として君臨していたのが、**クライシュ**という部族だった。ムハンマドは、このクライシュの一支族の長男として生まれている。

当時のアラビア半島の情勢はきわめて不安定だった。彼らは部族ごとの団結力が強く（これは現在もそうだが）、当時は他部族とは生死をかけて戦った。そのため、争いで夫を失った女性や孤児たちが、大量にメッカなどの都市に流入したが、当時の社会には、そういった人々を救済する仕組みはない。都市では社会格差が生まれ、貧富の差が増大していった。

また、当時のアラビア半島は、それぞれの部族が祀《まつ》る神が多数存在する多神教の世界だった。ユダヤ教徒やキリスト教徒として唯一神を崇《あが》める人々もいたものの、唯一神からの啓示が彼らに直接与えられることはなかった。

このように彼らは、不安と混沌《こんとん》のなかにいたのである。

ムハンマドに神の啓示が降りたのは、そういった時代のことだった。

そのためイスラム教には、**富の公平な分配や未亡人・孤児の救済、貧者への富の再分配**を軸とする教えが色濃く見られる。同時にイスラム教は、部族ごとにバラバラだった**アラブの人々を一つにまとめあげる強力な原動力**になっていったのだ。

2

「国家」と「宗教」が一体化して発展した理由

本書では便宜的に「イスラム教」と表記しているが、まず、この名称自体が特殊なものだということはお断りしておきたい。

というのも現在、日本の研究者たちの間では、「イスラム教」を**「イスラーム」**と表記することが一般的になっているからだ。「イスラム」ではなく「イスラーム」と音を伸ばすのは、そのほうがアラビア語の発音に近いからだが、ではなぜ、「イスラーム教」ではなく「イスラーム」なのか。

イスラームは「宗教」だ。それは間違いない。

だが、キリスト教や仏教などと比べ、**イスラームは宗教の枠を超え、社会や国家のあり方と一体化している**という点で大きな違いがある。

たとえばキリスト教や仏教では、最初に国家という枠組みがあり、そのなかで人々が生きること、苦しみから救われること、そして心が救済されることを目標とした。

イスラームにも、こうした宗教としての教えはもちろんある。

しかし、その思想はアラブ社会における集団と人々の関係、経済や部族間の対立への対処法、ひいては国家としてのあり方にまで敷衍《ふえん》していった。

要するに**イスラーム世界では、国家と宗教が一体化して発展**していったのだ。

そのため、イスラーム研究者は、「イスラーム教」との表記には抵抗感を覚えるという。「教」がつくことで、イスラームの宗教的な面のみに焦点が当たり、それ以外のもっと大きな部分が見失われてしまう、というのである。

国家のなかにおける宗教の役割だけであれば、人々の心の安寧《あんねい》や幸福を追求すればいい。もっといえば、個人の幸福のみを実現させればいいということになる。

ある意味、経済問題や国家間の争いとは、無縁の世界で生きていくことができる。

仏教における「出家《しゅっけ》」などはその最たるもので、彼らの場合、むしろ世俗から離れることで真理の追究を行なうことを目指した。

だが、イスラームでは、「聖」と「俗」のすべてを併《あわ》せ呑《の》む器の大きさが求められた。**宗教的指導者は同時に、社会の指導者**でもあったのだ。

それがイスラームの最大の特徴といってもいい。同時にここを理解することで、イスラームの独自性も理解することができるようになる。

その最たるものが戦争——いわゆる「**ジハード（聖戦）**」だが、それについては別項で説明しよう。

ムスリム＝「自分のすべてを委ねる者」

さて、「イスラム教」表記に戻って——イスラム教徒は、一般的に「**ムスリム**」と呼ばれる。これは**アラビア語で「自分のすべてをだれかに委《ゆだ》ねる」という意味**だ。

あるいは「イスラーム（帰依《きえ》）する人」といってもいい。なお、「ムスリム」は男

スリランカの城塞都市ゴールのモスクで
一心に祈りを捧げるムスリム

性形で、女性の場合は「ムスリマ」と呼ばれる。

ちなみに、「ムスリム」になるには、証人となる二人以上のムスリムの前で（もしくは声が聞こえる場所で）、次のように唱えるだけだ。

「ラー・イラーハ・イッラッラー。ムハンマドゥン・ラスールッラー」
（「アッラーのほかに神はなし。ムハンマドはアッラーの使徒である」）

これで、その場においてムスリムとして認められるのである。

3
「唯一神アッラー」とユダヤ教、キリスト教の神は同じ？

前述のように、イスラム教では神を**「アッラー」**という。

アッラーというのは神を意味する「イラーフ」に、定冠詞「アル」がついた「アル＝イラーフ」というアラビア語が変化したものだ。つまり一般名詞における「神」という意味なのである。

一方、キリスト教やユダヤ教の神は**「ヤハウェ」**だが、こちらも意味は「神」だ。

重要なのは、これらはいずれも、ほぼ同じ地域で崇められていた至高の存在を指している、ということだ。

だから**呼び方が違うだけで、同じ神を指している、**ということになる。

「アッラー」と「ヤハウェ」は、基本的に「同じ神」なのだ。

ただし、そのとらえ方はそれぞれの宗教で微妙に異なる。

ユダヤ教では、この神は契約を交わしたユダヤ人にだけ、その恩恵を与えるとされる。宗教学的にいえば限定的な「民族宗教の神」だ。

一方、キリスト教では、イエスによってこの「旧《ふる》い神との契約」＝『旧約聖書』が更新され、「新しい神との契約」＝『新約聖書』に切り替えられたとされる。これによって神の恩恵は、民族・人種・性別・貧富などの条件を問わず、すべての人々に与えられることになった、と考えた。

イスラム教においても、基本はキリスト教と同じだ。神の言葉＝『コーラン』を守る者であれば、だれであっても神の恩恵は受けられる。

まさにこのことが、キリスト教とイスラム教という二つの宗教を、世界宗教に発展させた最大の要因といえる。

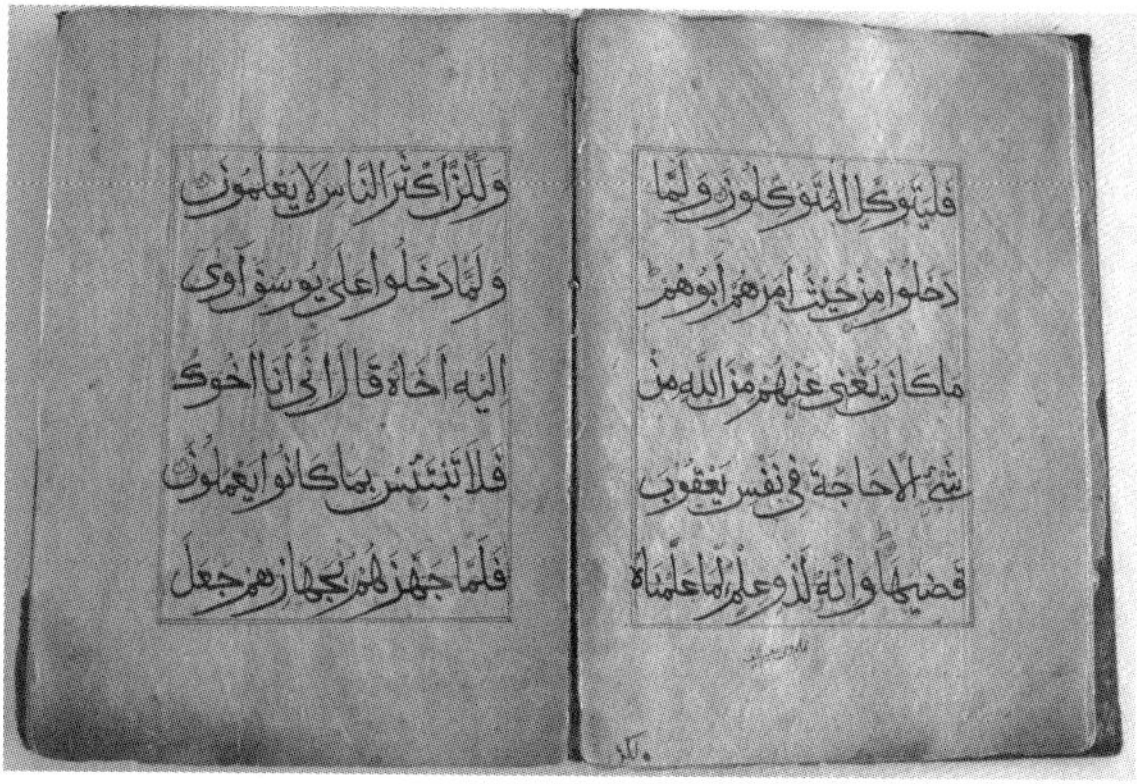

神の言葉(『コーラン』)を守ればだれもが神の恩恵を受けられるという。写真は14世紀、中国の明朝の頃のコーラン

神の言葉がそのまま記された『コーラン』

では、「キリスト教のヤハウェ」と「イスラム教のアッラー」は、どこが違うのか。いや、正確には、ヤハウェとアッラーでは、人々のとらえ方はどのように違っているのだろうか。

わかりやすいのは、教典である「聖書」(とくに『新約聖書』)と『コーラン』の違いを見ることだろう。

キリスト教の項でも述べたように、『新約聖書』は基本的にイエスの伝記だ。

もちろんすべてが歴史的事実とは限らな

いが、神の子であるイエスはこう言った、こう行動したという足跡を、弟子たちがまとめたものである。

「マタイ」「マルコ」「ルカ」「ヨハネ」と、同じような内容の福音書が四つあるのは、それぞれが別の人物によって記されたからだ。


しかし『コーラン』は違う。ムハンマドただ一人を通じて語られた神の言葉が、そのまま記されている。後世の人間による改竄《かいざん》も書き足しもない。

また、ムハンマドはアッラーの言葉を預かった預言者ではあるが、神性は認められていない。これはイエスに対しても同様で、イスラム教においてはイエスも預言者の一人ではあるが、あくまでも人間なのである。


キリスト教（ユダヤ教）とイスラム教の違いは、こうした「歴代の預言者をどう位置づけるか」ということでもある。

ユダヤ教はイエスよりも前の預言者（『旧約聖書』に登場する預言者）のみを認めている。キリスト教は『旧約聖書』の預言者を認めたうえで、イエスを「最終的な預

3宗教の主な相違点

	信仰対象	最高の預言者	聖典	聖地	聖職者	偶像崇拝	原罪
ユダヤ教	神（ヤハウェ）	モーセ	『旧約聖書』	イェルサレム	いない	絶対禁止	少し肯定
キリスト教	神（父なる神 イエス 聖霊）	イエス	『旧約聖書』『新約聖書』	イェルサレムなど	司祭	原則禁止（カトリックは公認）	肯定
イスラム教	神（アッラー）	ムハンマド	『コーラン』	メッカ メディナ イェルサレム	いない	絶対禁止	否定

言者」とする。

それに対してイスラム教では、これらすべての預言者を認めたうえで、**ムハンマドを「最終にして最高の預言者」**としているのだ。

それから、もう一つ重要なことがある。アッラーは慈悲深く、哀れみ深いと『コーラン』に書かれている。だから、キリスト教で強調される人間の原罪——エデンの園においてアダムとイヴが背負った罪は、イスラム教では存在しない。

なぜなら、すでにそれは、アッラーがお赦しになっているからだ。

4 ムハンマドは、こうして「最後の預言者」になった

ムハンマド――正式にはムハンマド・イブン・アブドゥッラーフ――は、クライシュ族に属するハーシム家の商人の子として西暦570年頃に、アラビア半島西部にあるメッカで生まれた。

父の顔を見たことはなく、母も6歳のときに亡くしている。その後は祖父に引き取られたが、この祖父も2年足らずで他界し、ハーシム家の家長である叔父から商売の手ほどきを受けて育てられたという。それ以外、ムハンマドの生い立ちについて詳しいことはわかっていない。

ただ、25歳のときに、40歳前後の裕福な未亡人ハディージャに見込まれ、結婚。4

人の娘と2～4人（いずれも幼くして亡くなったため、人数についてはよくわかっていない）の息子に恵まれたという。

そのムハンマドの口を介してアッラーが語った言葉をまとめたもの――それが『コーラン』だ。

西暦610年の「ラマダーン」（断食の月）のことだった。ムハンマドはメッカ近郊のヒラー山の洞窟に籠もり、断食を行ないながら神に祈りを捧げていた。それは彼にとってすでに数年にわたる習慣で、毎年、ある時期になると決まってこの洞窟を訪れていたのだ。

当時のアラブ社会は、多くの不安要素に覆われていた。部族間の争いは絶えることがなく、同じ部族の間でさえ、助け合いどころか略奪行為が平然と行なわれていた。信仰面においても、ユダヤ人には神がたくさんの預言者を遣わし、導きを行なっていたが、彼らには何も語ってはくれなかった。

もしかすると自分たちは、神の恩寵の対象から外された存在なのかもしれない――ムハンマドを突き動かしたのもそうした不安であり、それが彼に毎年のように山籠もりをさせる動機となっていたのである。

天使ジブリールから届けられた「アッラーの啓示」

洞窟にいたムハンマドのもとに突然、**アッラーからの啓示**が届けられた。その最初の言葉はこうだ。

「誦《よ》め、『創造主なる主の御名《みな》において。
いとも小さい凝血《ぎょうけつ》から人間をば創《つく》りなし給《たま》う』
誦め、『汝の主はこよなく有難《ありがた》いお方。
筆持つすべを教え給う。
人間に未知なることを教え給う』と」

（『コーラン』第96章1〜5節）

この言葉をムハンマドに伝えたのは、ジブリールという天使（186ページ参照）

ムハンマドに「アッラーからの啓示」が
最初に届けられたというヒラーの洞窟

だった。

ジブリールは、**キリスト教ではガブリエル**と呼ばれる。処女であるマリアにイエス受胎を伝えたとされる大天使である。

この構図はきわめて重要だ。

キリスト教では、マリアは神から「救世主」（イエス）を授かった。

一方、イスラム教では、ムハンマドは神から『コーラン』（神の言葉）を授かったのである。

キリスト教でイエスが神の子とされ、信仰対象になったのに対し、**イスラム教におけるムハンマドはあくまでも預言者にすぎない**。

彼が神から授かった『コーラン』こそが信仰対象であり、すべてなのである。

いずれにせよ、こうしてイスラム教は誕生した。

ちなみに**ムハンマドの言行について記したものは『ハディース』**と呼ばれていて、『コーラン』とは別物とされているが、それについては後述する。

5 「アッラーのほかに神はなし」——布教の開始

天使ジブリールによって与えられた神からの啓示、神の言葉を、ムハンマドはそのまま暗記した。ムハンマド自身は何が起こったのか理解できず、ジブリールについてもそれが天使だということなど知るよしもなかった。だから、ムハンマドは洞窟から家に逃げ帰ると、妻の膝《ひざ》にすがり、恐怖に震えたという。

だが、ジブリールはその後も何度もムハンマドの前に現われては、神の言葉を伝えた。ムハンマドは、自分が何か悪いものに取り憑《つ》かれたのだと思い、自殺を考えたこともあったという。

だが、いつしかムハンマド自身、自分が預言者であることを自覚し、妻や幼なじみのアブー・バクルなどに啓示の内容を話して聞かせるようになっていった。

そして613年頃になると、いよいよ一般への布教を始める。この頃、ムハンマドは主に、次の五つの内容を説いていた。

1：**神の力と恩恵**　当時、メッカでは、多神教からカーバ神殿に祀られたアッラーへの一神教化が進められていた。ムハンマドはこのアッラーこそが唯一の神であり、世界のあらゆる恩恵はこのアッラーによってもたらされるとした。

2：**復活と最後の審判**　世の終末は間近に迫っている。ムハンマドに「預言」が与えられたのは、そのためだ。

3：**神に対する感謝と礼拝**　神が与えてくれる恩恵に感謝し、その力を毎日称《たた》える。

4：**施善・喜捨の勧め**　神の恩恵に対する感謝は、弱者や貧者を救済し、喜捨《きしゃ》するという善行のなかで表現すること。

5：**ムハンマドの使命**　自分にはこうした神の言葉を預かった、預言者としての使命がある。

ムハンマドへの弾圧とヒジュラ（聖遷）

ムハンマドの説いた内容は、**間近に迫る終末に備え、現世における行為を改めよ**というものだった。そのためには、富の公平な分配、貧者・弱者の救済と、商業の独占化をやめ、部族間紛争を終結させることが必要になる、と。

だが、これらは、アラブ社会の上位に立つ者たち、たとえばメッカにおけるクライシュ族の支配体制の否定につながるものだった。

その結果起こったのは、**ムハンマドへの弾圧**である。

それでもムハンマドは信念を変えず、逆にカーバ神殿に乗り込むと、**「アッラーのほかに神はなし。ムハンマドはアッラーの使徒である」**と宣言する。

このことによって、弾圧はますますエスカレートしていった。

622年、ムハンマドはヤスリブ（**現在のメディナ**）の族長たちの招請《しょうせい》に応じ、ヤスリブへの移住を決意。9月24日に到着する。

これをムハンマドの**ヒジュラ（聖遷《せいせん》＝移住）**といい、**この622年を元年とするのがイスラム教の「ヒジュラ暦」**である。

6 かくしてムハンマドはメッカを「無血征服」した

ヤスリブはその後、**「マディーナ・アンナビー」（預言者の街）**と呼ばれるようになり、「マディーナ」から**「メディナ」**へと変化して現在に至っている。

ムハンマドのヤスリブへの移住（ヒジュラ）によって、イスラムの時代が始まったとされているのは、このことによって**アラブ世界に大きな変革**がもたらされることになったからだ。

そもそも当時のアラブ社会では、「部族の結束」が何よりも大切とされ、同じ血を継ぐ者たちが集団で暮らすことは絶対であり、ほかの集団に加わることは許されないことだと認識されていたのだ。

つまり、ヤスリブ（メディナ）に移住したムハンマドは、クライシュ族にとって「裏切り者」と見なされるようになった。そしてクライシュ族は、ムハンマドを受け入れたヤスリブを殲滅《せんめつ》すると宣言したのである。

しかし、ムハンマドはそれに臆することなく、ヤスリブで着々と**イスラム教を中心とする共同体**を形成していった。貧富の差はなく、富は公平に分配される、まさに理想的な社会の出現だった。これを**「ウンマ」**と呼ぶ（詳細は後述）。

ただし、ヤスリブの人々が全員、ムスリムに改宗したわけではない。ムハンマドが作った社会では、ムスリムと旧来の多神教徒、ユダヤ教徒が同じウンマに属し、争い合うこともなく、一つの共同体を維持していたのだ。

名門クライシュ族、ムハンマドの軍門に降る

やがてムハンマドは、「軍事的リーダー」としてクライシュ族との戦いに臨んだ。

まずはメッカの隊商を襲撃。さらに、624年、3倍近い敵の部隊に勝利する（バドルの戦い）。だが翌625年の「ウフドの戦い」ではムハンマド自身が負傷し、敗北に終わった。

627年には、ヤスリブの周囲に空堀を掘って籠城《ろうじょう》し、3000人の兵士で1万人ものメッカ軍の攻略をはね返すことに成功（ハンダクの戦い）。

翌628年、ムハンマドは1500人ほどの兵士とともにメッカへ向かったが、対戦前に講和がなり、10年間の休戦と翌年のメッカ巡礼が約束された。

そして630年、条約違反を口実に1万人のムハンマド軍が迫ると、メッカ軍は降伏し、無血開城に成功する。ムハンマドはこのとき、カーバ神殿に乗り込み、聖殿内にあった偶像をすべて破壊した。

こうして**名門クライシュ族は、ムハンマドの軍門に降った。**

ムハンマドの名声は一挙に高まり、アラビア半島の多くの部族がイスラム教を受け入れるべく、彼のもとに使者を送ってきた。そのため**メッカ征服後の1年間は「遣使**

ムハンマドの生涯

570年頃	メッカに生まれる
595年頃	ハディージャと結婚する
610年	神（アッラー）から初めての啓示を受ける
613年頃	伝道を始める
615年	激しい迫害を受ける
619年	叔父とハディージャを亡くす
622年	信徒を率いてメディナへ移住（ヒジュラ＝聖遷）
624年	バドルでメッカ軍と戦い、勝利
625年	ウフドでメッカ軍と戦う
627年	ハンダクでメッカ軍と戦い、勝利
628年	フダイビヤでメッカ側と停戦協定を結ぶ
630年	メッカを無血征服。メッカ住民が改宗
632年	3月に最後の巡礼を行ない、6月に没する

の年」と呼ばれている。

そして632年、ムハンマドはメッカ巡礼を行なう。随行したイスラム教徒は12万人にものぼったという。

だが、その数カ月後、高熱と激しい頭痛に悩まされ、ムハンマドはメディアで息を引き取った。62歳だった。

このときの巡礼を「**別離の巡礼**」と称する。

イスラム教徒が一生のうちに一度はカーバ神殿への巡礼が義務づけられているのは、この「別離の巡礼」に倣ったものなのである。

7 「イスラム共同体＝ウンマ」とは何か

メディナへのヒジュラ（聖遷＝移住）後、そこで初めて**「イスラム共同体＝ウンマ」**が成立した。このウンマは、現代のイスラム社会においてもなお、きわめて重要な意味を持っている。

そもそもウンマは、『コーラン』で言及されたものだ。すべての人類は、もともと一つのウンマだったというのだ。ところがいつしか争いが生まれ、対立が起こり、いくつものウンマに分裂してしまった。

これを見た神は、彼らの争いを解決し、人類を正しい道へと引き戻すために、それぞれのウンマに対して神の使徒を遣わした。これが歴史上における「預言者」で、神は彼らを通じて正しい信仰、「終末への心構え」を教えようとしたのである。

具体的な名前をあげてみよう。まず『旧約聖書』ではアダム、ノア、アブラハム、イサク、ロト、ヨセフ、モーセ、ダヴィデ、ソロモン、ザカリヤ。『新約聖書』では洗礼者ヨハネ、イエスなどがそうだ。

それ以外にも、多くの部族に預言者が遣わされた。もちろん、ムハンマドもその一人である。

逆にいえば**ウンマとは、こうした預言者が遣わされる集団の単位**ということもできる。そして、神の警告にもかかわらず、それを受け入れなかったウンマは次々と滅ぼされてきたのだ。

「神の理想とする社会」を作り広げる義務

イスラム教の解釈によれば、これまでにもっとも多くの預言者が遣わされたウンマは、イスラエル民族（ユダヤ人）だった。言葉を換えれば、彼らはそれだけ多くの神の恩寵を与えられてきた民族だということになる。

具体的には、**モーセには「律法」が、ダヴィデには「詩篇」が、そしてイエスには「福音書」**が与えられたのだ。

ところが彼らは、そんな神の意志を正しく理解できなかった。それどころか神と対立し、神の言葉の改竄さえも行なった。そこでアッラーは、ムハンマドに『コーラン』を与えたのだ。

それは、それまで**神の言葉、「啓典《けいてん》」**というものを知らない人々を対象としたものだった。逆にいえば**アラブの民は、このときに初めて待望の「神の言葉」を授かった**のである。

このことは、きわめて重要な意味を持っている。

一つには、「啓典というものを知らない人々を対象」としているということ。これは『**コーラン』が、アラブ民族だけではなく、世界のすべての人々を対象としたもの**であることを意味している。

そして、イスラエル民族の間に神の啓典が正しく伝えられていない以上、**『コーラン』は世界で唯一にして最終的な神の教え**、という位置づけになるということだ。

このことは同時に、ムハンマドのウンマこそ世界で最上の、究極的なものであるということも意味している。

要するに、ウンマは神による啓典・理想・真理をこの地上世界に忠実に現わし、神による祝福を受けた共同体である、ということだ。

またそれは、ムハンマドのウンマが常に「神の理想」とする状態に近づけるように努力し、さらにはその社会を外に向かって広げ続けるという、重く厳しい義務を背負っているということでもある。

こうしてイスラム教は、アラビア半島のアラブ世界だけではなく、より広範囲な世界に向かって力強く布教を始めていく。もちろんそれは、イスラム的共同体＝ウンマが世界に広まっていく、ということをも意味していたのだ。

8
なぜ『コーラン』は黙読ではなく「声に出して誦む」のか

すでに書いたように、『コーラン』は神の言葉をそのまま文字にしたものだ。したがって『コーラン』は、すべてが神の命令であり意志となる。そこに疑いが入る余地は、1ミリたりとも存在しない。

重要なのは、**『コーラン』の成り立ち**だ。

ムハンマドは「神の言葉」をすべて忠実に記憶し、自らの口を通じて語った。仲間たちもそれを暗誦《あんしょう》することで、徐々に広めていった。だが、ムハンマドが没して20年ほどたつと、すべての言葉は書き記され、書物としてまとめられる。

『コーラン』とは、アラビア語で「誦まれるもの」を意味する。

だから、**重要なのは、当時のアラビア語でそのまま声に出して誦むこと**とされる。

黙読ではダメなのだ。なぜなら、そこには韻《いん》を踏んだアラビア語独特のリズムと抑《よく》揚《よう》があり、それがまさに「神の言葉」として、その場の空気さえも揺るがすとされるからである。

こうした理由からムスリムは、『コーラン』をアラビア語のまま声に出して誦むことを求められる。

『コーラン』の啓示は短期間のうちにムハンマドにまとめて降りてきたものではない。メッカ時代、メディナ時代、さらにはメッカ攻略後と長期間にわたり、全体で114章6616節の膨大な量となっている。

ムハンマドの言行録『ハディース』

『コーラン』とともに、ムスリムにとって重要なのが『ハディース』だ。

イスラム教においては、預言者ムハンマドの生前の言動が重視され、すべての規範となっている。彼の言葉や行動（言行）に従う者だけが、本物の信徒と見なされるのだ。

こうしたムハンマドの言行を**「スンナ」**というのだが、そのスンナが記された書物が『ハディース』である。そのため『ハディース』は、『コーラン』と並ぶイスラム教の重要な聖典になっている。

ムハンマドは、神の啓示に対してどう考え、どう行動したのか？

それを知ることで、『コーラン』だけでは処理できない（書かれていない）問題についての解決法を『ハディース』から得るのである。

たとえば後述する**「六信五行《ろくしんごぎょう》」**の具体的な内訳とその理由、なぜ男性はあご髭《ひげ》を伸ばすのか、断食や食事のルール……そういった日常生活における細々としたことは、『ハディース』によって規定されている。

ムスリムの生活規範「シャリーア」

そして、この『コーラン』と『ハディース』によって導き出された**ムスリムの生活**

規範は、**「シャリーア」**と呼ばれる。日本語に訳すと**「イスラム法」**だ。

法ではあるが、私たちがイメージするような法律書、いわゆる『六法全書』のようなものではない。系統立った法律書ではなく、アッラーによってイスラム教徒たちに下された「命令」、もしくは「決まりごと」といったほうが近い。

このように、『コーラン』によって人々に下された啓示を、『ハディース』に書かれたムハンマドの言行「スンナ」によって解釈し、その結果決められた「シャリーア」に従って生活する――それがムスリムの日常なのである。

9 信仰の中心――「六信五行」とは

イスラム教における信仰の中心は、**「六信」**と**「五行」**だ。
「六信」は、ムスリムが信じるべき以下の六つの事柄をいう。

★唯一神（アッラー）
その存在を信じること。

★天使（マラーイカ）
アッラーによって遣わされる天使の存在を信じること。

★啓典（キターブ）

聖典ともいう。過去の預言者たちによって人間にもたらされた神の教えを信じること。『コーラン』は最後にして最高の神の言葉とされるが、それ以前の『旧約聖書』や『新約聖書』も含まれる。

★預言者（ナビー）・使徒（ラスール）

アッラーによって遣わされた預言者（使徒）を信じること。『聖書』のアダム、ノア、モーセ、ダヴィデ、イエスも預言者であり、そのなかでムハンマドは最終的な預言者とされる。

★来世（アーヒラ）

『コーラン』においても、キリスト教と同じような終末論が語られる。そのとき天使のラッパとともに、死者も墓から出て最後の審判を受けて、楽園か地獄に割り振られる。これを信じることが求められている。

★定命《じょうみょう》（カダル）

人間の運命はすべて、アッラーによってあらかじめ決定されている。すべては神の意志であると信じること。

ムスリムが実践する「五つの義務」

次に「五行」だが、これはムスリムが実践しなければならないと定められた、いわば信仰上の義務だ。

信仰告白（シャハーダ）

「ラー・イラーハ・イッラッラー（アッラーのほかに神はなし）」と「ムハンマドゥン・ラスールッラー（ムハンマドはアッラーの使徒である）」と唱える。モスクなどで二人以上のムスリムの前でこの信仰告白を行なうことで、その人は新たなムスリムとなる。この信仰告白は、礼拝のたびに行なわれる。

礼拝（サラート）

一日に5回、朝・昼・午後・日没後・夜、にメッカの方角に向き礼拝を行なう。毎日のことなので負担も多いが、それだけに、これこそがまさにムスリムをムスリムたらしめる行為ともいえる。

★ラマダーン月における断食（サウム）

毎年イスラム暦の9番目の月には1カ月間の断食が行なわれる（イスラム暦は太陰暦）。この間は、夜明け前から日没まで飲食・喫煙・性行為などが禁止となる。ただし日没後の食事は許されており、しかも老人や病人・子供・妊婦は免除される。断食を行なう理由としては、貧者の苦痛を思いやり、忍耐力を養い、精神の浄化を図るためだといわれている。

★喜捨（ザカート）

ムスリムは自らの財産に対して、ある一定の率で喜捨（献金）することが義務づけられている。これは農産物や家畜、商品なども対象となるので「宗教税」ともいわれている。また、自主的な寄付とも分けて考えられる。喜捨によって集められた金銭は、貧者や神に仕える者のために使われることになる。

★巡礼（ハッジ）

巡礼を行なえる体力と財力のある者は、イスラム暦の12番目の月の8日から10日までの間に、メッカにあるカーバ神殿への巡礼を行なわなければならない。これは一生に一度でよく、無事に成し遂げた男には「ハーッジュ」、女には「ハーッジャ」とい

ムスリムは「アッラーへの絶対服従」を
証明するために五つの義務を負っている

う称号が与えられる。

このように、ムスリムに課せられた義務は多く重い。

だが、これはあくまでもムスリムであるための条件、すなわち**「アッラーへの絶対服従」を証明するための必要最小限の行為**だというのが彼らの認識だ。

というのも、神への絶対服従とはどういうことなのかが問題視されたときに、イスラム神学者やイスラム法学者の間で論争が起こり、その結果定められたものが、この「六信五行」だからである。

10

一夫多妻の真実

イスラム教では本来、男女の平等が説かれており、一夫多妻も女性がヴェールで顔を隠すのも、すべて誤ったイスラム教の解釈からきた誤解だという説もある。

まず**「一夫多妻」**であるが、『コーラン』に次の一節がある。

「もし汝ら孤児《みなしご》に公正にしてやれそうもないと思ったら、だれか気に入った女をめとるがよい。2人なり、3人なり、4人なり。だがもし公平にできないようならば一人にしておくか、さもなくばお前たちの右手が所有しているものだけで我慢しておけ」

（『コーラン』第4章3節）

この言葉に従えば、男性は妻を4人まで持てるということになる。ただし、『コーラン』ではすべての女性を公平に扱うことが条件とされているので、かなりの財力が必要とされる。だれもがそう簡単にできるものではない。それができなければ、一人にしておけというのである。

「戦争で多くの男性が亡くなっていた」ため？

問題は、神がこう述べた理由だ。

当時のアラブ世界は、戦争で多くの男性が亡くなることが日常だったため、未亡人や父親のない子供がたくさんいた。そういった**女性や子供を経済的に救済するために**、この一夫多妻が認められたというのだ。

注意すべきは、4人までなら妻をめとることはできるが、それは決して無条件に許されるものではない、ということだ。つまり、あくまでもこれは例外規定であり、しかもそれは「公正に扱う」という目的のもとで行なわれるのである。

それから日本ではよく、4人の妻に対し「第一夫人」「第二夫人」などと、あたかも序列が存在するかのように考える。これも明らかな間違いで、ムスリムはこのような不平等な表現はしない。それぞれの夫人は、経済的にも肉体的にも公平・平等に扱うことが義務づけられているからである。

また最近では、イスラム教国であってもトルコやチュニジアのように、複数の妻をめとることを禁止する国もある。それは、複数の妻を完璧に平等に扱えるのは預言者ムハンマドだけであり、現在の社会状況下では、それを行なえる者などどこにも存在しない、という解釈が行なわれたためである。

ちなみに**ムハンマドは、女性を「ガラスの容器」にたとえ、神によるきわめて繊細な被造物だとした**。だからこそ、大切に扱わなければならない、と戒《いまし》めたのだ。実際、イスラムの社会では女性はきわめて大切に扱われているのである。

男女で「隠すべき場所」が違うのはなぜか

女性が顔を隠すヴェールについてはどうか。

正確にいえば、これは女性に限ったことではなく、男性も女性もそれぞれに隠すべき場所が決められている。

男性はへそから膝までの部分、女性は顔と手を除いた部分――それぞれの部分は、他人に見せてはいけないことになっている。

男女で隠すべき場所が異なるのは差別ではなく、あくまでも「性差」によるものであって、それ以上の意味はないとされている。

ムハンマドは女性を「ガラスの容器」にたとえ、大切に扱うよう戒めた

また国や地域にもよるが、現在では必ずしもこの決まりが厳守されているわけではない。

状況に応じてさまざまな形態がとられるのが実情だ。

実際、イスラム社会にも、髪を隠さない女性や、半袖姿の女性はいる。

男性のムスリムは多くが髭をたくわえている。

理由は単純で『ハディース』に、ムハンマドは髭を生やしていたと書かれているからだ。

ただし、あくまでも推奨であって強制ではない。

だからイスラム国家の指導者のなかには、髭を剃《そ》っている男性も見ることができる。

11
なぜ豚肉、飲酒、偶像崇拝は禁じられている？

ここでは、イスラム教の禁止事項について見ていくことにしよう。
まず有名なところでは、**豚肉を食べることが禁止**されている。
理由はもちろん、『コーラン』にそう書かれているからだ。

「汝らが食べてはならぬものは、死獣の肉、血、豚肉、そしてアッラーならぬ（邪神）に捧げられたもの」

（『コーラン』第5章3節）

このように豚肉以外にも、自然死（病死）や事故死した動物の肉を食べることも禁止されている。血液を用いた料理もダメ。さらに犬歯のある捕食性の動物や猛禽類《もうきんるい》も食べることはできない。

また豚肉にしても肉だけではなく、豚を原料とするあらゆる食品がアウトとなる。豚骨ラーメンなどはもってのほかで、ラードで揚げた食品もダメだ。豚肉を切ったことのある包丁さえも忌避《きひ》される。

豚肉以外でも食べていいのは**「正しい方法でさばかれた肉」**だけだ。正しい方法には、動物に苦痛を与えないために頸動脈《けいどうみゃく》を鋭い刃物で素早く切断する、という方法も含まれている。だから、射殺した狩猟肉も基本的には食べることができない。

さらに、肉をさばくのはムスリムもしくは「啓典の民」（ユダヤ教徒かキリスト教徒。１８３ページ参照）でなければならない。

こうして厳しい条件をクリアした肉は**「ハラール」**（食べてもよい食材）と呼ばれる。肉以外の魚・豆・牛乳・野菜などもハラール食品となる。

なお、飲酒については、現在では全面的に禁止されているが、初期のイスラム教では「酒は人間に対する恩恵」とされ、認められていた。

◆イスラム美術で絵画・彫刻が発展しなかった理由

イスラム教最大の聖地が、サウジアラビアのメッカにある「カーバ神殿」であることはすでに述べた。このカーバ神殿に向かって、世界中のムスリムは毎日5回も礼拝を行なう。まさに彼らの信仰の中心地といっていい。

では、「カーバ神殿」には何が祀られているのかというと——ここには何もない(後述)。

そもそも、**イスラム教では偶像崇拝が禁じられている**からである。

偶像は、どれほど立派なものであったとしても、人間が作ったものにすぎない。神そのものにはなり得ないのだから、それを崇拝することは神の意志にはそぐわないことになる、というのがその理由である。

だからカーバ神殿には、神を想起させるようなものは何も置かれていないのである。

息を呑むほど美しいアラベスク模様。
イラン、イスファハーンのイマーム・モスク

アッラーは人格神ではあるが、姿はない。

しかも、『コーラン』では神の言葉によって、肖像画や彫像を作ることを禁じている。

こうしたことから、イスラム美術においては絵画や彫刻はほとんど発展しなかった。

しかし、『コーラン』を美しい書体で書いたもの（日本では〝アラビア書道〟ともいう）、アラベスク模様の美しいモスクなどには目を見張らされる。

12 二大教派――「シーア派」と「スンニ派」とは

ムスリム人口は現在、世界で18億人とも20億人ともいわれる。間違いなく、キリスト教に次ぐ巨大宗教だ。

西アジア、北アフリカ、中央アジア、南アジア、東南アジアを中心に、世界各国に広まっている。なかでもイスラム教発祥の地であるサウジアラビアを中心とする西アジアと中東諸国では国民の大多数がムスリムで、イスラム教以外の宗教を禁止している国もあるほどだ。

これだけの人口を抱えているだけに、現在では73もの教派が存在するといわれているが、このうち、とくに知られているのが**「スンニ派（「スンナ派」とも）」**と**「シー**

ア派」だ。まずはこの2派の違いを説明しておこう。

「スンニ派」とは、代々の「カリフ」（ムハンマドの後継者）を正統と認めるイスラム教の多数派で、いまでは全ムスリムの9割近くを占めている。**「スンナ（ムハンマドの言行）に従う者」という意味**で、イスラム共同体の政治的・社会的、そして宗教的な権威を受け継ぐ者は、信者の合意のもとに選ばれるべきだとした。

一方の「シーア派」（シーア・アリー〈「アリーの党」という意味〉に由来）は、預言者の血縁者、具体的に言うと、ムハンマドの従弟《いとこ》であり娘婿《むこ》であった**アリーと、その子孫のみをムハンマドの正統な後継者と認めるべき**だと主張した。彼らは現在、イスラム教徒の1割ほどを占める。

この「スンニ派」と「シーア派」という区別は、宗教的な宗派対立というよりも、端的に言ってしまえば、**「偉大なる預言者ムハンマドの後継者を誰にすべきか」という政治的闘争によって生じた**といえる。

ムハンマドの死後、4人のカリフが次々と後を継いだ。彼らはいずれもムハンマドの親しい仲間で、しかも公正な選挙によってその地位に就《つ》いたので「正統カリフ」と呼ばれた。

問題の発端は、第3代カリフのウスマーンにあった。彼は、かつてメッカでムハンマドを弾圧したクライシュ族ウマイヤ家（ハーシム家と並ぶ名門）の出身で、同族の人間を重用したため、人々の反感をかい、暗殺されてしまうのだ。

その結果、「正統カリフ」の第4代はムハンマドと血のつながりのある、ハーシム家のアリーとなったのだが、カリフの座を失ったウマイヤ家の後継者であるムアーウィヤとの間で激しい対立が始まる。

両家の戦いは6年も続くが、その最中、アリーは暗殺され、「正統カリフ」時代は終わりを告げる。そして、ムアーウィヤは「カリフ」を称して、661年にウマイヤ朝を創始、ウマイヤ家が世襲によってカリフを独占するのだ。

ウマイヤ朝はその後、大版図《だいはんと》を支配する帝国となる。しかし、ウマイヤ朝を認めないシーア派の反乱、非アラブ人のイスラム教徒の反乱で衰え、750年にはアッバース家に滅ぼされてしまうのだ（172ページ参照）。

イスラム教の教派

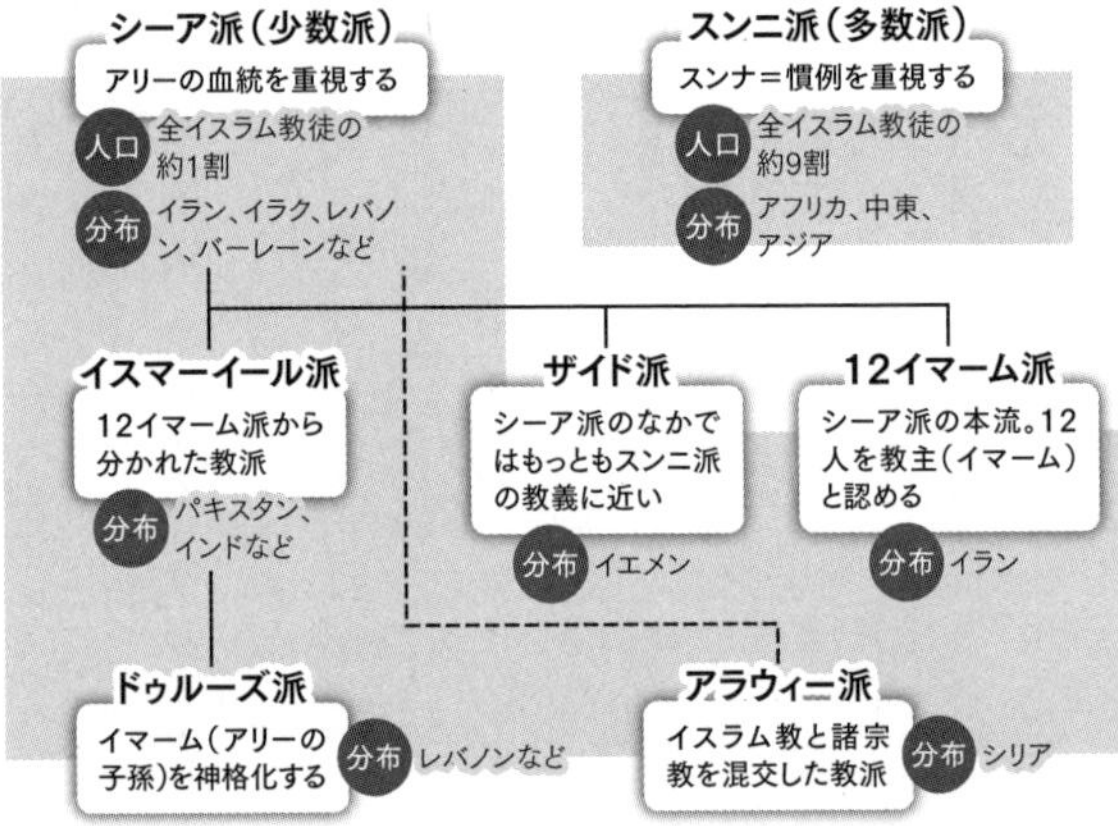

なお、シーア派では、アリー以後の最高指導者の称号として「イマーム」が用いられたが、のちになって、だれをイマームとするかで対立が生じ、さらに細かく枝分かれしていくのである。

イラン・イラク戦争はなぜ起きたか

シーア派とスンニ派を理解すると、中東の政治情勢は理解しやすくなる。

たとえば**イランはシーア派**が多いことで知られているが、必ずしもイランがシーア派の主流の地というわけではない。

そもそもイランはペルシア人の国でア

ラブではないし、**イラクやシリアでもシーア派が多数派**だった。

興味深いのはこのイラクで、1979年に大統領に就任した**サダム・フセインはスンニ派**だった。ご存じのとおり、フセインは、イラン・イラク戦争やクウェート侵攻、湾岸戦争を起こした独裁者だ。

つまり、かつてのイラクでは、少数のスンニ派が多数のシーア派を武力的に抑え込むことで国家を維持していたのだ。しかし2003年の米英軍のイラク攻撃により、フセイン政権は崩壊する。

フセイン政権崩壊後のイラクでは、シーア派によるマリキ政権が樹立したが、2011年に米軍が撤退した後、シーア派とスンニ派の対立が悪化。既得権を失い、これに反発したフセイン政権残党のスンニ派が、各地で武力闘争をしかけ、マリキ政権は治安維持の低下に悩まされる結果となった。イラク混乱の原因には、まさにシーア派とスンニ派の対立が背景にあったのだ。

ちなみに、1979年に**イラン革命**が起こり、**ホメイニによるシーア派社会主義国家**が成立した際、スンニ派のフセインが自国内に革命の影響が及ぶのを恐れ、イラン

〝考古学上の至宝〞といわれるシリアの世界遺産
「ウマイヤド・モスク」も内戦で大きな被害を受けた

に攻撃をしかけたのが、**イラン・イラク戦争**（1980～88年）である。

また、シリアの内戦も、シーア派とスンニ派の対立が根本にある。

こちらでは、シーア派の分派とされるアラウィー派のアサド政権に対して、国民の大半を占めるスンニ派の反政府勢力が抵抗、シリア国外からアメリカ、ロシアなどが介入し、内戦が絶えない事態になっている。

2013年には、北部アレッポの旧市街にある世界遺産ウマイヤド・モスクも、ミナレット（アラビア語で「光の塔」を意味する）が戦闘により破壊されてしまった。

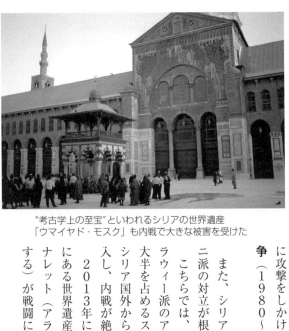

13
ジハードとは「神の道に奮闘努力」すること

これまで見てきたように、イスラム教の成立から発展に至る歴史は、そのまま「戦いの歴史」でもあった。実際、私たちもイスラム教というと**「ジハード」＝「聖戦」**をイメージする。

だが、厳密には「ジハード」に「聖戦」という意味はなく、本来は**「努力」**もしくは**「神の道に奮闘努力すること」**を意味していた。

ちなみにイスラム法学上においてジハードは、**「イスラムのための異教徒との戦闘」**と定義されている。神の道のために奮闘努力することが、そのまま異教徒との戦いにも通じるというわけだ。

「聖戦」には守るべきルールがある

『コーラン』にはジハードについて、次のような記述がある。

「信仰に入り、家郷を棄て、己《おの》が財産と生命をなげうって奮闘してきた人々のほうが、アッラーの目から御覧になれば確かに段が上である。そういう人々こそ最後の勝利者である」

（第9章20節）

「汝らに戦いを挑む者があれば、神の道において堂々とこれを迎え撃つがよい。だがこちらから不義をしかけてはならない。神は不義をなす者を好み給わぬ」

（第2章190節）

この記述からわかるのは、神のために戦うことを求めてはいるが、そこには自ずとルールがある、ということである。たとえば、最後の引用文には**「こちらから不義を**

しかけてはならない」とある。ここでいう不義とは何か？

それは、「最初に戦いをしかけること」であり「非戦闘員と戦うこと」だ。また「侵略的戦争であってはならない」ことでもある。つまり、**専守防衛が基本であって、自ら争いをしかけてはならない**とされているのである。

したがって、実際に戦闘行為に入ったとしても、非戦闘員——女性や聖職者、子供、老人など——に被害を及ぼしてはならないし、侵略的行為——金品を奪ったり無駄に施設などを破壊したりする——も禁止されているということになる。

また、開戦の理由も、不当な迫害を受けているなど、それまでの歴史的経緯が重視される。

これらを見る限り、現代のいわゆる「過激イスラム主義者」のテロ行為は、とてもジハードと呼ぶことはできないものだとわかるだろう。

戦争の地＝「イスラム教が行き届いていない地域」

イスラム世界では、イスラム教が行き届いていない地域を「戦争の地」と呼ぶ。すべての土地はやがて「イスラムの地」になるべきだと考えているので、そこはまだ「潜在的な戦争状態」と考えるのである。こうした考えが根底にある以上、イスラム国家がその版図を広げていくのは、きわめて当然のことだった。

前述のように、4代目カリフのアリーと対立したスンニ派のウマイヤ家は、661年にダマスクス（現在のシリア）を首都に**ウマイヤ朝**を建設する。いわゆる**「アラブ帝国」の誕生**で、東はインダス川流域、西は北アフリカからイベリア半島（スペイン、ポルトガルの南部）まで領土とした。**イエルサレムに岩のドームを建設したのもウマイヤ朝**だった。

ところが彼らは一族による独占支配を行ない、同じイスラム教徒であってもアラブ人だけを優遇したことから、非アラブ人の**「アラブ帝国」**に対する反感は次第に高まっていく。

750年になると、ムハンマドの叔父アッバースの子孫アブー・アルアッバースがウマイヤ朝を打倒して、バクダード（現・イラク）を首都とする**アッバース朝**を開く。

8~11世紀のイスラム世界

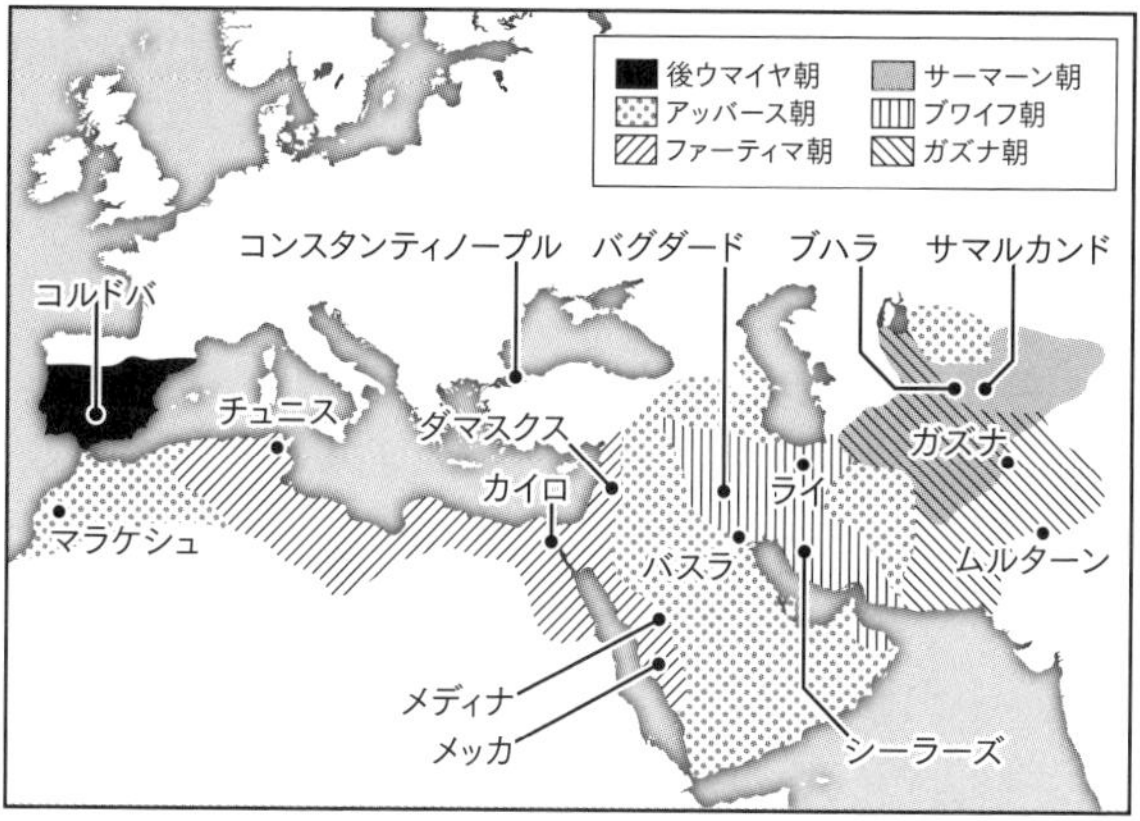

アッバース朝では、アラブ人の徴税面での特権を解消するなど、全イスラム教徒を平等に扱った。つまりアッバース朝において、**「アラブ帝国」から「イスラム帝国」への転換**がはかられたのである。

一方、アッバース朝に倒されたウマイヤ朝の一族はイベリア半島に逃れ、コルドバを都に756年、**後ウマイヤ朝**を建てた。また、909年には過激シーア派のイスマーイール派がチュニジアに**ファーティマ朝**を建国、969年以降はエジプトやシリアも支配し、カイロに新都を建設するなど勢力を拡大した。

これらの王朝ではそれぞれカリフが置かれたため、3人のカリフが並び立つこととなった。

そして、13世紀半ばにアッバース朝が崩壊した後、16世紀に勢力を急拡大させたのが、アラブ人ではないトルコ系部族が建てたイスラム帝国、**オスマン朝**だ。

オスマン朝の特徴は、カリフが政治的権限を失ったということにある。代わりに登場してきたのが**「スルターン」**と呼ばれる政治的・軍事的指導者だ。

その意味はずばり「権力者」で、ポイントは宗教的な権威を持っていない、という点にある。

こうしてイスラム世界は、**宗教的な権威者のカリフではなく、政治的実力を備えたスルターンたちによって分割支配される**ようになるのである。

14 イスラム教の三大聖地——メッカ、メディナ、イェルサレム

イスラム教には聖地が三つある。

メッカ（マッカ）、**メディナ**（マディーナ）、**イェルサレム**。

いずれも預言者ムハンマドに深く関係している土地だ。

メッカはムハンマドの生誕地であり、また都市の中心に位置する**「マスジド・ハラーム」（聖なるモスク）**のなかには、**カーバ神殿**がある。

既述のようにムスリムは一日に5回、このカーバ神殿に向かって礼拝を行なう義務を負っていること、そして生涯に最低一度の巡礼が課せられていることからもわかる

ように、ここがイスラム教にとって最大の聖地となっている。

次の聖地メディナは、現在の人口は130万人ほどで、中心部には**「預言者のモスク」**があり、ムハンマドの遺体が埋葬されている墓所がある。

メディナの「預言者のモスク」。
ムハンマドの住居があった場所で、
廟所となっている

「預言者のモスク」はムハンマドの住居があった場所でもあり、彼はメッカとの戦いやウンマの建設をここから指揮し、ここで亡くなっている。

それゆえ、ムスリムにとっての重要度も高く、メッカへの巡礼者はこのメディナも訪れるのが普通とされている。

そして最後が、イスラエルにあるイェルサレムだ。ここには**「岩のドーム」**がある。イェルサレムといえば、かつては古代イスラエル・ユダ王国の首都であり、イェルサレム神殿（ソロモン神殿）が建設された土地だ。

同時にイエス・キリストが処刑された地でもある。

ユダヤ教とキリスト教にとっても重要な聖地とされている。

ムハンマドは「聖なる岩」から
光のはしごを上って昇天したという。
その地に建てられた「岩のドーム」

しかしイスラム教においてもイェルサレムは重要な聖地で、ムハンマドは当初はメッカでなくイェルサレムに礼拝していたという。

また、天使ジブリールに連れられてこの地を訪れたムハンマドは、**「聖なる岩」から光のはしごを上って昇天した**

とも伝えられている。

そのシンボルとなっているのが、7世紀末に完成した「岩のドーム」だ。このドームはその名のとおり、「聖なる岩」を中心に建てられている。

問題はこの岩が、ユダヤ人の民族の祖であるアブラハムが、息子イサクを犠牲に捧げようとした燔祭《はんさい》の場所とされていることだ。

しかも岩のドームが建っているのは、かつてのイェルサレム神殿があった場所であり、その外壁の一部は現存している。これがいわゆる**「嘆きの壁」**で、それゆえユダヤ教徒にとっても、絶対に譲れない聖地なのである。

第三の聖地イェルサレムが抱える事情は、これほど複雑なのだ。

カーバ神殿——ムスリムが全世界から拝む場所

「カーバ」とは「立方体」という意味で、もともとは聖なる黒石の囲いだった。イスラム教徒の伝説によれば、カーバ神殿はそもそも、神に命じられたアダムとその妻イ

「カーバ神殿」。世界中のムスリムは
この方角を目指して祈りを捧げる

ヴが建てたものだという。しかし、ノアの大洪水で黒石と神殿は失われたとされている。

だが、その後、預言者アブラハムが神から黒石の在処《ありか》と、それを祀る祭壇を築くべき場所を教えられ、息子のイシュマエルとともにカーバ神殿を再建した。

ところが時間とともにカーバ神殿にはさまざまな神が祀られるようになり、ムハンマドの時代には多神教の神殿になってしまっていた。

ムハンマドは、630年にメッカに無血入城しているが、このときにカーバ神殿に祀られていた神像を破壊し、自らの手で

「黒石」を神別している。そして、それを建物の東の角に据《す》えつけたのだ。

以来、カーバ神殿の内部は実質的に空洞となっている。

ムスリムは全世界から、このカーバ神殿、つまり聖なる黒石の方角を拝しているのである。もちろん、拝《おが》んでいるのは黒石ではなく、アッラーだ。

いかにも偶像崇拝を禁じているイスラム教らしい「聖殿」といえるだろう。

カーバ神殿への巡礼の手順は、ムハンマドのメッカへの最後の巡礼（別離の巡礼）に倣ったもので、非常に複雑かつ厳格なものになっている。イスラム歴12月8日から10日までの3日間、訪れる約200万人がほぼ同時に巡礼の手順を行なうという、一大イベントなのである。

15 十字軍──「啓典の民」との争い

2000年3月12日のことだ。ローマ教皇ヨハネ・パウロ2世がサン・ピエトロ大聖堂において、**過去2000年間にキリスト教の教会が犯した罪**を認め、神の赦しを請《こ》うミサを行なった。このニュースは世界を駆け巡ったが、このとき、教皇が認めた罪とは、以下の三つだ。

1：ユダヤ人を苦しめたこと。
2：十字軍遠征、異端審問などで相手に敵意を持ち、暴力を用いたこと。
3：(布教において)人種・民族的な差別に基づいた排他的な行ないがあり、罪深い振る舞いがあったこと。

2番目の十字軍によるイェルサレム遠征だが、これまでキリスト教社会においては、いわゆる「聖地奪還」の合言葉とともに、英雄たちの勇ましい行動として語られてきた。それはキリスト教の項目でも述べたとおりだ（63ページ〜参照）。

しかし、ムスリムから見たその行為は、「軍事的侵略行為」以外のなにものでもなかった。１０９９年7月、突然、西ヨーロッパからやってきた「十字軍」と名乗るキリスト教徒の兵団が、メッカ、メディナに次ぐ聖地であるイェルサレムを攻撃し、住民を虐殺して占領したのだから。

イエスが活動し、処刑され、天に昇っていった地であることから、イェルサレムがキリスト教徒にとって重要な聖地であることは間違いない。だからといって「イェルサレムはキリスト教徒のものだ」という理屈は通らない。

当時のイェルサレムは長い間イスラム勢力の支配下にあったが、ムスリムが異教徒（ユダヤ教徒やキリスト教徒）を虐殺したり、彼らに対して略奪行為を行なったりすることも禁止されていた。

要するに、「平和的な共存」が図られていたにもかかわらず、だ。

ムスリムのヒーロー「アイユーブ朝のサラディン」

イスラム共同体から見れば、キリスト教徒は**「啓典の民」**（啓典とは、真理を顕《あら》わす神の言葉。ムハンマドによってイスラムと同系の預言にもとづく宗教と定義されたユダヤ教徒とキリスト教徒をイスラムでは「啓典の民」という）であり、隣人であった。決して敵対するものではなかった。また、イェルサレムのあるパレスチナやレバノンは、当時イスラム勢力同士が対立していたこともあって、団結して「外敵」に立ち向かうこともできなかった。そのため、イスラム勢力は、なすすべもなくイェルサレムを奪われ、支配されたのである。

その後、88年にわたって十字軍に占領されていたイェルサレムを1187年に奪還したのは、**アイユーブ朝を建国したサラディン**（サラーフ・アッディーン）だった。

ただし、十字軍がすべてのムスリムに恐怖と怒りを与えたのかというと、必ずしもそうではなかった。聖地とはいえイェルサレムは、イスラム共同体の支配地域全体か

「ムスリムのヒーロー」として
名高いサラディン

らすればごく一部の地域にすぎず、局所的な混乱でしかなかったともいえるからだ。

それ以外の地域――イラクやペルシア、中央アジア、マレーシア、アフガニスタン、インドなどのムスリムは、あまりにも遠すぎて実感が湧かなかったといわれている。

そのため、「サラディンの戦い」は間もなく忘れられた。

それが再び甦《よみがえ》るのは、20世紀になってからのことだった。欧米列強という巨大なキリスト教国家の「十字軍」が、再びイスラム社会を脅《おびや》かし始めたのだ。

「サラディンの戦い」は、ここで改めて歴史のなかから掬《すく》い出され、**ムスリムのヒーロー**として脚光を浴びたのである。

16 イスラム教の天使と悪魔

「六信」の一つとして**「アッラーによって遣わされる天使の存在を信じること」**という項目を紹介した（149ページ参照）。

アラビア語では天使は**「マラク」**（単数形）、**「マラーイカ」**（複数形）と呼ばれる。

それはユダヤ教やキリスト教と同じように、「神と人間の間を仲立ちする存在」である。

神であるアッラーによって光から創造されたものであり、霊的には神と人間の中間に位置しているとされる。

「四大天使」の中でも特別な存在なのは？

イスラム教においても天使はたくさん存在する。代表的なのが**ジブリール**（キリスト教ではガブリエル。以下同）で、さらにミーカーイール（ミカエル）、**アズラーイール**（アズラエル）、**イスラーフィール**（ラファエル）を加えて**四大天使**と呼ぶ。

なかでもジブリールはムハンマドの前に出現し、『コーラン』を口頭で伝えたことから、イスラム教では特別な天使とされている。

またイスラーフィールは、終末が訪れたときに「最後の審判」の裁きが行なわれることを人々に知らせるためのラッパを吹き鳴らす天使で、その日までは地獄を見回っているという。

このほかにも、死者の魂を引き取る天使、最後の審判に立ち会う天使、それを記録する天使、地獄の番をする天使、信仰者の戦いを助ける天使などが、イスラム世界には存在する。

ちなみに、キリスト教が伝えるルシファーのように、天から堕ちてきた**「堕《だ》天使」**も存在するが、彼らは**バビロンに幽閉《ゆうへい》**されているという。

「アラジンと魔法のランプ」のランプの精も悪魔!?

イスラム教における悪魔を「ジン」という。

よく知られているジンとしては、『アラビアン・ナイト』の「アラジンと魔法のランプ」に出てくるランプの精が代表的だろう。

『コーラン』によれば、ジンは火から創造されたとされる。また、イスラム教に帰依《きえ》した善のジンと、帰依していない悪のジンがいるとも。**あらゆる妖怪や聖霊、異端の神々がジンとしてイスラム教に取り込まれることになった**ということだろう。

たとえば、ある地域がイスラム化されたときに、それまで人々に信仰されていた神々、あるいは畏怖《いふ》されていた妖怪たち、さらには民間信仰までもが、ジンとして一つに収斂《しゅうれん》されていったのである。

昔、ヨルダンのある村には、ジンによって病気になった人を治すという呪術師がいた。人が体調を崩したり精神が不安定になるのは、ジンに憑かれたり殴《なぐ》られたりすることが原因で、自らの術によってそれを祓《はら》うというのである。

とはいえ、そのときに用いられるのは**『コーラン』の言葉が書かれた護符《ごふ》**だ。どの言葉が選ばれるかはケース・バイ・ケースだが、基本的には呪術師の力ではなく、あくまでも「アッラーの力を借りて病気を治す」ということのようだ。

17

イスラム教の「終末観」

イスラム教では、この世界の成り立ちや人間について、どのように説明しているのだろうか。

まず、基本はユダヤ教やキリスト教――つまり**「聖書」と同じ**だ。

『コーラン』によれば、神は「在《あ》れ！」という言葉によって6日間で世界を創造したとされる。この「神による創造」はいまでも不断に続けられており、神が望めばこの世界を一瞬にして無に帰することもできるのだという。

また神は、人間の祖となるアダムを土から創り、息を吹き込んだ。次にイヴが創られ、二人は禁断の木の実を食べたことによって楽園から追放される。ここまでは『旧約聖書』の「創世記」と同じストーリーのようだが、一つ大きな違いがある。それは**楽園を追放されるにあたって、アダムとイヴは神の赦しを得ていた**ということだ。『コーラン』には、「アダムが神から特別な御言葉《みことば》を頂戴し、神は御心を直して彼に向かい給《たも》うた」（第2章35節）という記述がある。だからイスラム教では、イエスが人間の代わりに罪を背負って犠牲となったという、いわゆるキリスト教における「原罪」は存在しない。

ちなみに**イスラム教では、アダムは最初の預言者**とされている。

「来世の運命」の決まり方

人間が「原罪」を背負っていないということは、この世界は神によって肯定されたもの、ということになる。そしてより重要な来世のためにも、この世で神から与えられた幸福や繁栄は十分に享受《きょうじゅ》されるべきもの、と考える。

もちろん基本にあるのは、神への感謝だ。だから、幸福を享受するために神から与えられた地上の財産は、神の意に適《かな》うように使われなければならない。決して独占されるべきものではなく、分かち合うべきものなのだ。

イスラム共同体における相互扶助《ふじょ》の精神は、こうして生まれてくる。

ポイントは、具体的にそれをどうやって人々の間で分けるかまで、『コーラン』によって直接、指示されているということだ。

現世をどう生きれば、そして何をすれば神の意志に適うのか――。

それが明確に示されているところにイスラム教の特徴がある。そしてその生き方によって、来世の運命も決まってくる。

だからこそ、『コーラン』に背《そむ》くわけにはいかないのである。

では、来世とはどのようなものなのか。

それは「この世の終末」とともに始まる。

終末とは未曽有《みぞう》の天変地異で、天使が吹くラッパとともに天が裂け、大地が揺れ、地上のすべての生き物は気絶する。死者もすべて生前の姿のまま墓から暴《あば》き出される（このとき、墓から魂だけが復活するということはない。肉体が必須である。それゆえ、彼らは火葬ではなく土葬を行なう）。

そして、だれもがみな神の前に引きずり出され、審判を受けるのだ。

審判では、各人の生前の行為や信仰について記された「帳簿」が開かれ、正しい行ないの信仰者は楽園へ、罪人で不信仰の者は地獄へと振り分けられる。楽園には豊かな泉と果物があふれ、美しい乙女を妻として与えられ、永遠の至福の生活を送ることが約束される。

一方の地獄では煮えたぎる熱湯をかけられ、どろどろの膿汁《のうじゅう》を飲まされ、皮膚を焼かれる。あまりの苦しさに死のうと思ってもそれはできない。苦しみは永遠に続くのである。

18
スーフィズム（イスラム神秘主義）とは何か

キリスト教であれ仏教であれ、聖典や経典《きようてん》に頼るのではなく、直接、神や宇宙の法の教えに触れようと考える者がいた。神や仏と一体化することで、真理を直接、体感しようという思想である。

キリスト教であればそれは「霊操《れいそう》」と呼ばれ、仏教では「密教」と呼ばれているが、イスラム教では、**「スーフィズム」**と呼ばれる。日本では一般的に、**「イスラム神秘主義」**と訳されている。

そもそも、イスラム教における『コーラン』は完璧なる神の言葉であり、人々はその言葉に従って生きるだけで、来世における安楽を約束されているはずだ。しかしそれを徹底すれば、「外面的な行為」だけで神の国に行けるということになる。「信仰の形骸化」が始まる危険があるわけだ。

そこで、重要なのは**「内面的な信仰心」**だと考える人々が登場する。

彼らを**「スーフィー」**と称し、その営みを**「スーフィズム」**と呼ぶのである。

彼らはいずれも、神秘的な修行によってアッラーに近づき、一体化しようとする人々である。始まりは7世紀だとされるが、12〜13世紀に組織化が進み、より多くの人々の間に広まっていった。

その先進的真髄としてよく引用されるのが、メソポタミアのバスラ（イラク南東部）で活躍した**聖女ラービア**（801年没）の祈りの言葉だ。

彼女は、自分が地獄に堕ちたくないとか、天国に行きたいとかという動機で神を礼拝するのなら、神はその願いを叶える必要はなく、ただ無心に神を礼拝する場合のみ、それを受け入れてほしいと願った。

そこにあるのは、**無私無欲による「神との合一《ごういつ》」**だけだというのである。

スーフィーの旋回舞踊。
無心に踊ることで「神との合一」を目指すという

この「神との合一」こそ、スーフィズムの目的であり、もっとわかりやすくいえば、**無心で神を愛すること**なのだ。

「神との合一」には禁欲生活が必要？

こう書くと、神との合一を達成するためには、かなり厳しい行や禁欲生活が要求されるのではないか、と思うかもしれない。

実際、禁欲主義（ズフド）は、スーフィズムの前段階として古くから存在していた概念だ。しかし禁欲主義の根底にあるのは悲観主義であり、神への畏《おそ》れの気持ちだった。

ところがスーフィズムは——誤解を恐れ

ずに書けば――もっと明るい。

初期のスーフィズムにおいては、「懺悔《ざんげ》」「律法の遵守」「隠遁《いんとん》」「独居」「清貧」「禁欲」「心との戦い」「神への絶対的信頼」といった階梯《かいてい》を踏んでいくことが求められ、修行も厳しいものだった。

当然、選ばれたエリートたちにだけ可能なものとされた。

だが、12～13世紀になると、特定の教祖（聖者）を中心とした組織（タリーカ）が各地に出現し、急速にスーフィズムの民衆化が進められていく。どこかの山奥で修行するというのではなく、まるでサロンのように街角にタリーカが置かれて、人々は気楽にその門をくぐったというのだ。

その広まりはすさまじく、前近代のエジプトでは、「どこかのタリーカに属すること」と「ムスリムであること」がほぼ同義だった、という話もあるくらいだ。

その結果、スーフィズムはイスラム教の拡大にも大きな影響を与えた。

近年は、その力は全盛期ほどではないといわれているが、それでもなお、アフリカなどでは大きな力を持っている。

コラム

『コーラン』が予言し、的中させた出来事とは

イスラム教の『コーラン』が、未来をリアルに書き記していると書いたら、読者は驚かれるだろうか。

「四つの国家と、二つの偉大な帝国の運命を予言するたった1行の文章。このことすべてが、聖クルアーンが神の啓典であることを証明している」

これは、あるインドの学者の言葉だが、ずばり、**『コーラン』が未来の出来事を予言し、的中させた**ことに対する驚きが表現されているのである。

7世紀、ササン朝ペルシアが、シリアとパレスチナを占領。イェルサレムをその支配下に置いた。さらにペルシアはアフリカ北部のリビアとエジプトも占領するが、これに必死に対抗していたのがビザンツ帝国（東ローマ帝国）だった。

当時のムスリムは、ゾロアスター教を国教とするペルシアではなく、キリスト教国のビザンツ帝国に親近感を抱いていた。だが、「ビザンツ帝国が大国のペルシアに勝利することは、想像もできないほど難しい」という現実も理解していたのだ。

ところが、『コーラン』で神はこう告げる。

「ビザンチンの民は打ち負かされた。（略）だが彼らは、敗北ののち直《す》ぐに勝つであろう。10年以内に。前の場合も後の場合も（負けるのも勝つのも）、すべてはアッラーの摂理。その日が来たら、ムスリムたちは喜ぶであろう」

（第30章2〜4節）

ビザンチンの民とは、ビザンツ帝国のことだ。その彼らは（ペルシアに）打ち負かされるが、わずか10年後には勝利する。そしてムスリムは喜ぶというのだ。

前述のように当時の情勢では、10年以内にビザンツ帝国がペルシアに勝利を収めるのは不可能と見られていた。

ペルシアはゾロアスター教国であり、ムスリムにしてみれば「不信仰者」の国だった。一方のビザンツ帝国はキリスト教国なので、「啓典の民」の国となる。

つまりこれは、**「神に属する」「信仰者たち」の勝利を予言した一文**だったのである。

このように、『コーラン』は彼らにとっての教典であると同時に、「予言の書」でもある。その『コーラン』がこの世の終わり、終末について「確実に訪れるもの」としているのだ。ならばそれはいつ、どのようにやってくるのだろうか。

残念ながら『コーラン』は、その日は、突然にやってくると説く。人智の及ぶものではなく、神のみぞ知るものだからだ。

しかしそのときには、「ヤージュージュ」と「マージュージュ」が解き放たれ、世界を荒廃させる。これは「聖書」に記された「ゴグ」と「マゴグ」という**巨人の悪魔**のことで、彼らによって世界は破滅させられるというのだ。おそらくはそれが一つの目印になるのだろう。

では、彼らがどうやって破滅へと導くのかというと、それもまた『コーラン』には書かれていない。はっきりしているのは、こうした出来事が、あくまでも唐突にやってくるということだけだ。

すなわち**終末は、天変地異という形**でやってくる。『コーラン』ではこの天変地異を、天の崩壊と地の崩壊という二つの視点で語っている。

神によって創られたこの世界における天は7層構造になっているが、終末になるとそれが大きく裂ける。天が裂ければ、宇宙にある星も終わりのときを迎え、その裂け目から次々と地上に墜《お》ちてくる。光を失った月や太陽も同じだ。

私たちが暮らす大地も同様で、四方八方に砕け始める。

山が動き、崩れ、粉々になる。その結果、土地の高低差はなくなり、海水が流れ込んで大地も海も区別がつかないという、神による天地創造前の混沌とした状態に戻ってしまうのだ。

こうした地獄絵図ののちに、いよいよ最後の審判が始まるのである。

この最後の審判によって、人はようやく「永遠の時間」を手にすることができるようになる。それが「天国」という楽園で幸福に満ちた暮らしとなるのか、それとも「地獄」で責め苦に身を焼かれる日々となるのか――?

この両極端な未来を分けるのが、今生《こんじょう》における生き方だ。

改めて書くが『コーラン』とは、幸福な「永遠の時間」に至るための規範と、その具体的な指針が書かれている「マニュアル」でもあるわけだ。

III

「仏教」は、なぜこんなに多様なのか

……「ブッダの悟り」と「めくるめく仏尊たち」

1 仏教とは「智慧の宗教」である

ブッダ（仏陀《ぶつだ》）、シャカ（釈迦《しゃか》）、仏《ほとけ》、釈尊《しゃくそん》、釈迦牟尼《むに》、ゴータマ・シッダールタ、ゴータマ・ブッダ……。

日本ではさまざまな呼び名があるが、これらはすべて一人の人物、すなわち**仏教の開祖**を指している。

ただし、名称の意味はまったく同じというわけではない。

ブッダと仏は、**「真理に目覚めた人（覚者《かくしや》）」**を指す言葉である。一方、シャカは彼の出身部族の名称であり、釈尊や釈迦牟尼はその尊称。そして、ゴータマ・シッダールタは本名である。

本稿では仏教の開祖を便宜上、「ブッダ」と表記するが、仏教においてブッダは一人だけではなく、シャカ以前にも7人いたとされる（これを「過去七仏《かこしちぶつ》」という）。あるいは仏教以外のインドの宗教でも、悟りを開いたとされる（あるいは自称した）人物は多数、存在していたのだ（242ページ参照）。

さて——。キリスト教が「愛の宗教」、イスラム教が「神への絶対服従の宗教」だとすれば、**仏教は「智慧《ちえ》の宗教」**となる。

智慧とはすなわち、**世界の観察**であり**思考**である。

仏教では神の存在は考えない。

だから、キリスト教やイスラム教とは根本的に教えが異なっている。「神も仏もないものか」——というが、本来の仏教では神は存在しない。仏は存在するが、それは神とはまったく違うものである。

キリスト教もイスラム教も、そしてそれ以外の多くの宗教も、「死後の世界」について語る。死んで天国に行くことが究極の目的とされている。だが、少なくともブッダ自身が説いた原始仏教では、「死後の世界」は想定していない。あるともないとも語らず、それに**「こだわるな」**とするだけだ。

では、仏教が目指すものは何なのか？

それは**ブッダになる**こと、つまり**悟りを開く**ことである。

どうすれば「輪廻」から解脱できる？

仏教をひと言で表現するなら、それは「ブッダの宗教」もしくは「ブッダの教えの宗教」ということだ。そしてその教えを実践し、自らも**ブッダ＝真理に目覚めた人**になることが目的である。

日本では人が死ぬと「成仏《じょうぶつ》する」という。だが、本来の仏教では成仏は死ぬことではない。死んだだけでは、まだ**輪廻《りんね》**（２１１、２５９ページ～参照）から抜け出すことはできないからだ。真理に目覚めることで、二度とこの世に生まれ変わることはなくなり、それによってすべての苦しみから救済される。この輪廻から脱出することを**「解脱《げだつ》」**という。

成仏とはまさに、この解脱状態に至ることを意味しているのである。

そこで問題になるのが、ブッダはこの世界をどうとらえ、それに対してどのような行動をとれば解脱できると考えていたのか、という点だ。

これこそがまさに仏教であり、ブッダが「発見」したことなのである。

「世界の真理」を逃げずに直視せよ！

まず重要な点は、**「人は必ず死ぬ」**ということだ。

当たり前のことだが、この事実を常に見つめ続けることは案外難しい。わかってはいるが、いまこの瞬間には死ぬわけがない——そう考える人がほとんどだろう。しかしそれは、死という事実から目を背けるための口実にすぎないのである。

もっといえば、死は避けることができないのに、死なずにすむかのごとく、目をそらして自分を騙《だま》しているだけだ。この騙しの行為を**「煩悩《ぼんのう》」**と呼び、それを取り除いて現実を直視することを求めるのが仏教の本質なのだ。

もちろん、それは簡単なことではない。

しかし、そうした真実、世界の真理を逃げずに直視し、正しく認識し、正しく行動することで、必ず悟りへの道は開ける。解脱し、ブッダになることができる。

ブッダはその道筋を、きわめて論理的に説明し、具体的な道筋を説いた。

そこには、「神の恩寵にすがる」という姿勢は微塵《みじん》もない。あるいは終末における神の審判も、救済もない（のちにそうした救済思想も加えられはしたが、それはブッダが説いた教えとは少々異なっている）。

このように**仏教とは、世界をどうとらえ、日々をどう生きていくか——それを問い、実践する宗教**なのだ。

2 仏教が「バリエーション豊か」な理由

現代社会における仏教徒の数は、約5億人。信者は東アジアと東南アジアが主であり、タイ、スリランカ、カンボジア、ラオス、ブータン、ベトナム、中国、台湾、そして日本などがその主要国となっている。なかでも中国は、信者数においては最大だ。

また、ひと口に仏教といっても、その体系は非常に細かく分かれている。あるいは時代によって、教えそのものが異なることもある。以下、主だったものを列挙して簡単に説明してみよう。

✳原始仏教　開祖であるブッダが提唱した初期の仏教。

★**部派仏教**　ブッダ入滅《にゅうめつ》からおよそ100年後、「原始仏教」が「上座部《じょうざぶ》」と「大衆部《だいしゅぶ》」に分裂。さらにこれが400年ほどの間に20の部派に分裂。「部派仏教」はその総称で、上座部仏教につながる。

★**上座部仏教**　出家し、厳しい修行を積んだ者だけが悟りを開けるとする。スリランカ、ミャンマー（ビルマ）、タイ、ラオス、カンボジアなどに伝わり、「南伝仏教」とも呼ばれる。なお、「上座部仏教」と同義の「小乗仏教《しょうじょう》」という言葉は「大乗仏教《だいじょう》」側からの蔑称《べっしょう》なので、最近では用いられない。

★**大乗仏教**　在家《ざいけ》信徒も含め、すべての人をブッダは救済するとする。サンスクリット（古代インドの言語。梵語《ぼんご》）の経典が中国で翻訳され、朝鮮半島経由で日本にも伝わる。そのためこれを「北伝仏教」と呼ぶ。

★**密教**　大宇宙の根元である大日如来《だいにちにょらい》の教えを、ブッダ経由ではなく、直接、会得《えとく》しようとする。日本では空海《くうかい》による真言宗《しんごん》が有名。

★**チベット仏教**　チベットを中心に発展。失われたインド大乗仏教の系譜を継承し、いまも濃密な仏教のエッセンスが残されている。

仏教の伝播ルート

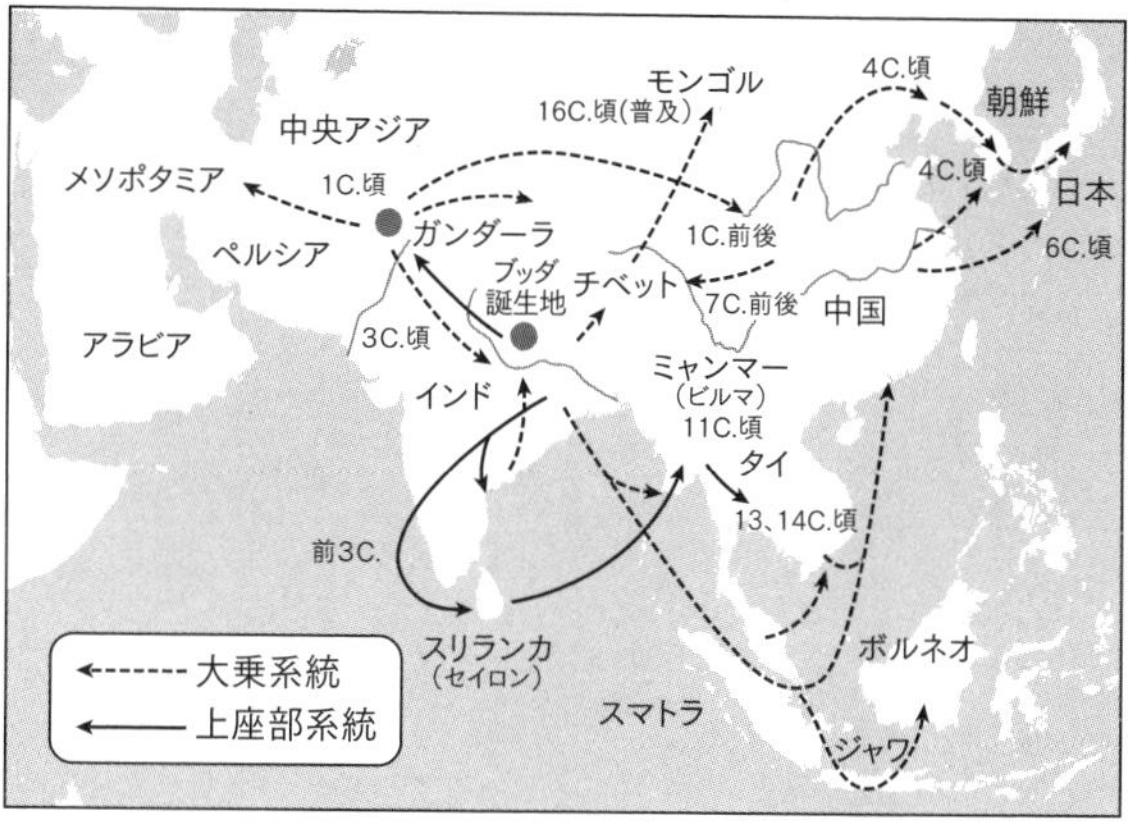

このうち、大きな分け方としては、原始仏教、上座部仏教（部派仏教）、大乗仏教という三つが基本となり、そのなかでさらに細かな宗派になる。現在の日本の宗派の天台《てんだい》宗や真言宗、浄土《じょうど》宗、日蓮《にちれん》宗、臨済《りんざい》宗などは、みな大乗仏教系である。

「ブッダの教え」の背景にある思想とは

仏教の歴史を知るには、まずインドの歴史を知ることが重要だ。

世界の四大文明のうちの一つインダス文明は、インダス川流域に紀元前2300年頃から同1800年頃まで栄えた。この文明を支えたのがドラヴィダ人だが、紀元前

1500年頃になると、北インドにアーリア人が侵入し、ドラヴィダ人を支配するようになった。

アーリア人はヨーロッパの諸民族と系統が同じで、そのため言語はもちろん文化的にもヨーロッパと共通するところが多い。とくに宗教においては、キリスト教が入ってくる前のヨーロッパと同じように、多くの自然の神々を祀る多神教だった。

アーリア人の宗教は、**祭司階級のバラモン**を最高権威とし、その下に貴族・庶民・奴隷という身分制度が置かれた（これがのちにカースト制度となる）。また、彼らの呪文《じゅもん》や祭祀《さいし》の方法を記した経典は**『ヴェーダ』**と呼ばれた。

『ヴェーダ』は4部構成になっているが、このうち第四部が**「ウパニシャッド（奥義《おうぎ》書《しょ》）」**と呼ばれるもので、これがいわゆる**インド思想の核**となった。

ウパニシャッドの哲学をごく簡単に説明すると、まずこの宇宙には、根本原理であるあらゆる生命体とされる**「ブラフマン（梵《ぼん》）」**が存在する。

このブラフマンの一部が**「アートマン（我《が》）」**で、これは「魂」とも解釈される。

永遠不滅のものであり、あらゆる生命の内に宿っている（この「梵」と「我」が本質的に同一であると直観するのが「梵我一如《いちにょ》」の思想）。

そして生命が死ぬと、アートマンは肉体から離れ、49日以内にほかの生命の肉体に宿って生まれ変わる。これを「**輪廻転生**《てんしょう》」という。また、この思想がいわゆる「四《し》十九日《じゅうくにち》」のルーツとなっている。

なお、次にどのような生命体に生まれ変わるかは、前世の行ない（業《ごう》もしくはカルマ）によって決められるとされ、修行（善行）を重ねることで、輪廻から脱してブラフマンのもとに帰ることができる。これが「**解脱**」である。

おわかりのように、ブッダの思想、仏教哲学の背景には、このウパニシャッドの思想が存在している。

当時のインドは、バラモンによる専横《せんおう》社会でもあった。市井《しせい》には、彼らに反発し、解脱を目指して独自の修行をする者＝沙門《しゃもん》（サマナ）があふれていたのだ。ブッダが登場したのは、このような状況のなかだったのである。

3

「釈迦族の王子」から「目覚めた者」へ

ブッダ――本名**ゴータマ・シッダールタ**は、紀元前5～4世紀に北インド（現在のネパールの近く）の釈迦族の王子として生まれた。ただし王子といっても彼の国は小国で、ブッダが存命中に隣のコーサラ国に滅ぼされてしまう。

父親は**シュッドーダナ**（**浄飯王**《じょうぼんのう》）、母親は王妃《きば》**マーヤー**（**摩耶夫人**《まやぶにん》）。

ある夜、マーヤーは右脇から金色の牙を持った白い象が胎内に入る夢を見る。これがブッダ受胎の証とされている。やがて臨月になったマーヤーが出産のために実家へ戻る途中、ルンビニーで休息したときのことだ。満開のアショーカ樹に触れようとした瞬間に産気づき、右の脇腹からブッダを出産。このとき、天から花が降り、竜が産湯《うぶゆ》を注いだという。現在もブッダの「降誕会《ごうたんえ》」として4月8日に行なわれる**「花祭り（花会式《はなえしき》）」**は、この故事にならったものだ。

また、生まれたばかりのブッダはすぐに立って7歩歩き、**「天上天下唯我独尊《てんじょうてんげゆいがどくそん》」**という言葉を口にしたという。

マーヤーはそれから7日後に亡くなっている。

ブッダの誕生時、天からは花が降り、竜が産湯を注いだという

何不自由なく育ったブッダは16歳のときに13歳の従妹《いとこ》（とされる）、ヤショーダラと結婚し、子供をもうけるが、内面では大きな苦しみを抱えていた。

そしていつしか、出家することを真剣に考え始めるのだ。

当時のインドには、出家し、遊行《ゆぎょう》する沙門が多くいた。

そして、ブッダもそういう生活にあこがれを抱いたのである。

「四門出遊《しもんしゅつゆう》」という有名なエピソードがある。

あるとき、城外に出ようとしたブッダは、城の東門で老人に、南門で病人に、西門で死人と出会う。人生は「老い、病み、死ぬ」という苦しみからは逃れられないのかと、いたたまれない気持ちで北門から出ると、そこで堂々たる沙門と出会い、こうした苦しみから逃れる道を知った、というものだ。

もちろんこれらは伝承であり、どこまで事実を反映しているのかはわからない。

なぜ仏教では「中道」が説かれるのか

29歳のとき、ブッダは妻と生まれたばかりの子（ラーフラ。のちにブッダの弟子になる）を残して出家する。

ブッダは、まず有名な瞑想家たちのもとを訪れたが、彼らが説く「最高の境地」に、いとも簡単に到達してしまう。にもかかわらず、内面に抱えた迷いや苦しみが消えることはなかった。

そこでブッダが次に選んだのが苦行である。彼は、タポーヴァナ（苦行林）というところで徹底的に肉体を酷使した。とくに熱心に行なったのが止息《しそく》と断食の修行で、本当に死にかけたり、骨と皮だけになったりするなど、まさに過酷をきわめたという。

苦行は6年にもわたったが、ブッダはそれにも限界を感じ始める。

苦行は苦しみに対して耐える力を養うことはできるが、苦しみそのものを消滅させることはできないのではないか、と考えたのである。

こうして「王子としての快楽」と、「原野での苦行」の両極端を体験したブッダは、悟りへの道はどちらにもないと理解した。

これがやがて**「中道《ちゅうどう》」**という仏教の中心思想につながっていく。

ガンダーラ出土の断食するブッダ像。肉体の酷使は"悟りへの道"に通じていないという

何よりも重要なのは、**徹底的に思考を重ねた末に生まれる「智慧」**である、という考えにたどりつくのだ。

悪魔の誘惑に打ち勝って「涅槃の境地」へ

こうして苦行を捨てたブッダはネーランジャラー川（尼連禅河《にれんぜんが》）で沐浴《もくよく》し、村の牛飼いの娘スジャータから与えられた乳粥《ちがゆ》で体力を回復させると、ブッダガヤの菩提樹《ぼだいじゅ》のもとに座し、静かに瞑想を始めた。

このとき、数日間にわたって悪魔が現われ、さまざまな誘惑をしたがこれを退《しりぞ》け、瞑想に入って7日目の満月の夜、明けの明星を目にしながらついに悟りを開き、彼はブッダとなった（降魔成道《ごうまじょうどう》）。

それは解脱であり、**涅槃《ねはん》の境地**へと到達した瞬間だった。ちょうど35歳になっていた。

それから5週間、ブッダは自らが知った涅槃の世界（生死《しょうじ》を超えた悟りの世界）を、大樹の下で座しながら、ゆっくりと味わった。

悟りを開いた以上、もはやこの世にとどまる意味もなく、静かに死んでいくことも十分にあり得ることだった。

だが一方で、自らが会得した確実に涅槃に到達できる修行の方法を、人々に伝えてみたいという気持ちも心のどこかに湧いてくるのだった。

ブッダガヤのマハーボーディ寺院。
今も多くの仏教徒が
「ブッダの智慧」を求めて訪れる

4

「初転法輪」から始まる伝道活動

ブッダが味わった悟りの境地は奥深く、しかも微妙きわまりないものだった。だから、どのように言葉を尽くして説明したとしても、一般の人々に理解してもらうのは不可能だろうとも感じていた。

やはりこのまま死んでしまおう——そう思ったブッダに、考えを百八十度変えさせることが起こる。

バラモン教の神としての**ブラフマン（梵天）**が現われ、命のある限りその教えを世界に広めろと、三度にわたって命じたのだ。

かくしてブッダは説法を行なうことを決意し、新たな旅へと出る。

そして鹿野苑《ろくやおん》（現在のサールナート）へ行き、かつてともに苦行をした5人の修行者（五比丘《ごびく》）に会い、最初の説法を行なった。これを「**初転法輪**《しょてんぽうりん》」という。ブッダの教えで即座に悟りを開いた彼ら5人は弟子となり、ともに伝道活動を始めていくのだ。

やがて、弟子も数十人となり、ブッダはマガダ国の首都**ラージャガハ**（**王舎城**《おうしゃじょう》）に入った。そこで大きな力を持っていた宗教指導者の**ウルヴェーラ・カッサパ**と問答を行ない、弟子にしたのだ。カッサパには二人の弟がいたが、彼らもすぐにブッダの弟子になった（いわゆる三迦葉《さんかしょう》）。

弟たちにもそれぞれに弟子がいたが、その弟子たちもブッダに従ったので、ブッダの集団は一挙に弟子を1000人以上も擁する大きな教団に成長したのだ。

国王、大富豪が次々に土地を寄進

ブッダはその後、出身地である釈迦族の国を訪れ、親類縁者たちも弟子にしている。有名なのは、実の子の**ラーフラ**、従弟の**アーナンダ**。義母（マーヤーの妹）の**マハー**

ブッダの足跡

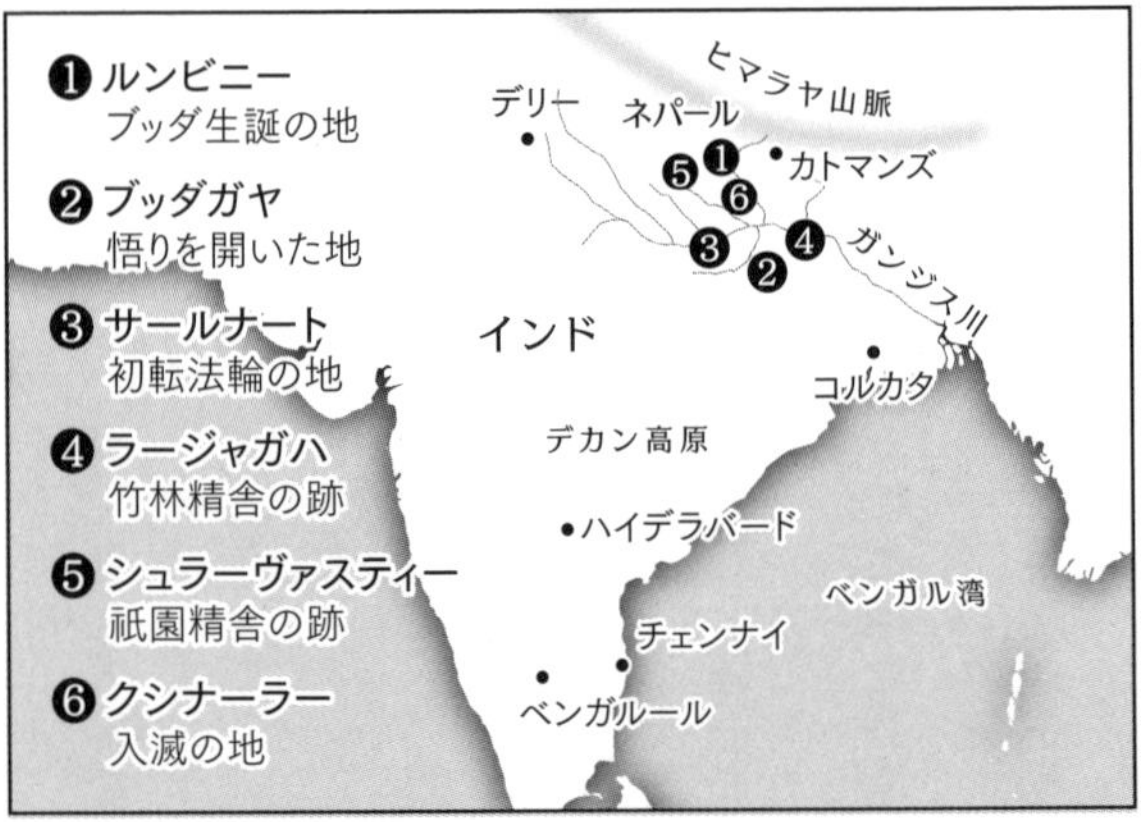

プラジャーパティは最初の、そして妻の**ヤショーダラ**は二人目の女性出家者（比《び》丘《く》尼《に》）となった。

だが、教団が大きくなると、彼らが食べていくための財源が問題となる。仏教における出家者は、基本的に労働はしない。「乞食《こつじき》」というように、生きていくための糧《かて》は他人からの施しに頼らなければならないのだ。

そこで、**マガダ国王のビンビサーラ**がブッダの教団を援助する。ビンビサーラ国王は、実際にブッダの教えを聞いて信者になった。そして、ラージャガハ郊外にある竹林園を寄進し、教団の拠点とするよう願い出たのだ。

仏教では、出家した修行者が暮らす場所や修行施設（要するに寺院や僧院）を「精舎《しょうじゃ》」と呼ぶが、これが最初の精舎（**「竹林精舎」**）となった。

また、コーサラ国のシュラーヴァスティーに住んでいた**大富豪スダッタ**は、同国の王子が所有していた林を買い取り、ブッダに寄進。これが、のちに有名な**「祇園《ぎおん》精舎」**となる。

自灯明——どんなときも「自らを拠り所として生きよ」

こうして多くの弟子を得たブッダだが、80歳で最期を迎える。

アーナンダとともにラージャガハを出て、北へ向かったブッダは、旅の途中で重い病にかかってしまったのだ。

まだ教わるべきことがあると訴えるアーナンダに、ブッダは、何も隠すことなく教えをすべて説いてきたと諭《さと》す。そして自分が死んだなら、

「自らを洲《しま》とし、他人を頼らず自らを拠《よ》り所《どころ》として生きなさい。そして、正しい教えを洲とし、ほかのものに頼らず正しい教えを拠り所として生きなさい」

ブッダは沙羅双樹の間に身を横たえ
「自灯明・法灯明」の教えを残して息を引き取った

と言った。

これは**「自灯明《じとうみょう》・法灯明《ほうとうみょう》」**の教えとして、仏教における教えの根幹となっている。

その後も旅を続けたブッダだったが、激しい腹痛を訴え、クシナーラー（クシナガラ）の2本のサーラ樹（沙羅双樹《さらそうじゅ》）の間に身を横たえ、そこで静かに息を引き取った。80歳だった。

悟りを開いた日から40年あまり、ついに完全な涅槃に入ったのである。

最期の言葉は、

「ものごとは過ぎ去るものである。怠《おこた》ることなく修行を完成しなさい」

だったと伝えられている。

5 ブッダの悟り——「四聖諦」と「八正道」

ブッダは、菩提樹の下で何を「悟った」のだろうか。そして弟子たちに何を語ったのだろうか。それは、

「縁起《えんぎ》」
「四聖諦《ししょうたい》（四諦《したい》）」
「八正道《はっしょうどう》」

からなる、この世の「真理」についてだった。

まず「縁起」だが、簡単にいうと「ものごとは互いに関連し合っており、結果には

必ず原因がある」ということだ。

若き日のブッダは、生きることの苦しみについて悩み抜いていた。この苦しみは、なぜ世の中に存在するのか。縁起の考えに従えば、苦しみは絶対的なものではなく、それを引き起こした原因（因縁《いんねん》）がある。ならばその原因を取り除くことで、苦しみもなくなる、つまり悟りが開けるとしたのである。

「四聖諦」——人生で避けられない「四つの真実」

そこで問題となるのが、「四聖諦（四諦）」だ。これは、人が生きていくうえで避けることのできない四つの真実のことを指す。

以下、読んでいただけばわかるように、きわめて論理的な展開となっている。

1：苦諦《くたい》　この世が苦しみで満ちあふれているという真実。仏教は「苦」というものをとりわけ重視する。「四苦八苦する」という言葉は、ここからきている。まず生まれるときの苦しみ「生苦《しょうく》」。老いの苦しみ「老苦」。病の苦しみ「病苦」。死の苦しみが「死苦」。これが四つの苦しみ、四苦だ。さらに、愛する人との別れの苦しみ「愛別離苦《あいべつりく》」。嫌な相手ともつき合わなければならない苦しみ「怨憎会苦《おんぞうえく》」。求めるものが手に入らない苦しみ「求不得苦《ぐふとくく》」。そして生きていることそのものの苦しみ「五蘊盛苦《ごうんじょうく》」の四つを加えて、合計で八苦となる。

2：**集諦《じったい》**　こうした苦しみには必ず原因があるという真実。原因は渇愛《かつあい》（執着）であり、根本的な生存欲である。渇愛には肉体的な快楽を求める欲望、生きたいという欲望、逆に死にたいという欲望の三つがある。そしてそれが起こるのは、すべては滅ぶものであるということへの無知（無明《むみょう》）が原因であると説く（十二因縁説）。

3：**滅諦《めったい》**　苦は消し去ることができるという真実。三つの欲望を消し去ることで、苦は自然と消滅する。そうすることで、人は涅槃の領域に到達し、悟ることができるのである。

4：**道諦《どうたい》**　これまでに見てきた三つの欲、すなわち根本的な生存欲さえも絶つ道があるという真実。その方法は、具体的には「八正道」という。

「八正道」——悟りに至る正しい道

「八正道」は、ブッダが示した悟りに至るための正しい道、修行法である。

★正見《しょうけん》　我の意識から離れて、世界の無常を認めるという正しい見解を持ち、正しいものの見方をすること。

★正思惟《しょうしゆい》　ものごとの道理を正しく考え、認識し、正しい思想を持つこと。

★正語《しょうご》　常に真実のある、正しい言葉を語ること。決して嘘や悪口、陰口などは口にしない。

★正業《しょうごう》　盗みや殺人などの犯罪はもちろん、不適切な性交渉や飲酒などをせず、正しい行ないをすること。

★正命《しょうみょう》　正しい法に則《のっと》った正しい生活、清浄な生活を送ること。

★正精進《しょうしょうじん》　人間形成、悟りという目的に向かって、正しく努力し、精進すること。

★正念《しょうねん》　邪念を持たずに常に正しい精神を保ち、正しく反省し、正しい道を思念すること。

✴**正定《しょうじょう》**　正しく精神を集中・安定させて、正しい瞑想を行なうこと。

この八つの「道」を心がけ、実践し、修行を重ねていくことによって、あらゆる苦を消滅させ、涅槃に至ることができるというのが、ブッダの教えの基本である。

ただし、ブッダは常に説法を行なう相手を観察し、その理解力や資質に応じて言葉を変え、臨機応変に教えを説いていった。

これが**「対機説法《たいきせっぽう》」**あるいは**「応病与薬《おうびょうよやく》」**と呼ばれるものだ。

仏教に無数の教えがあるといわれるのは、そのためだ。それらはいずれも入り口であり、最終的には同じ悟りへ通じているとされるのが仏教なのである。

6 在家信者が帰依すべき「仏法僧」とは？

出家・在家を問わず、ブッダの弟子になることをブッダに帰依《きえ》する、という。

だが、やがて教団が大きくなってくると、在家信者については**「仏と法と僧の三つの宝（三宝《さんぼう》）に帰依する」**ことが求められるようになった。

厩戸王《うまやとのおう》（聖徳太子《しょうとくたいし》）の有名な「十七条憲法」には、「篤《あつ》く三宝を敬え。三宝とは仏と法と僧となり」とあるが、これがいわゆる**「仏法僧《ぶっぽうそう》」**と呼ばれるものだ。

それぞれはどのような意味なのか、簡単に説明してみよう。

まずは**「仏」**。「悟りを開いた人＝ブッダ」を意味しているが、インドにおいてブッダは固有名詞ではなく、普通名詞だ。しかし仏教では開祖であるブッダその人を指している。そのブッダに帰依するのである。

次に**「法」**だが、これは**「ダルマ（あるいはダンマ）」**と呼ばれる。

仏教成立以前から、インドにおいてダルマという思想はきわめて重要な意味を持っていた。もともとは「保持するもの」「支持するもの」という意味で、そこから秩序や掟《おきて》、法則などを指すようになった。さらには、真理や教法、説法なども含んでいる。

ブッダが「悟りを開いた」ということの意味とは、この「ダルマを理解した」ということでもあった。

したがって**仏教の伝道とは、ダルマを人々に知らせること**でもある。端的にいえば、ブッダが説いた正しい教えこそがダルマ＝法なのである。

そして三つめの**「僧」**だが、こちらは**サンガ＝出家者の集団、仏教集団**のことだ。

仏教には出家者と在家があり、修行を積むのは出家者で、在家は経済的・物質的に彼らを支える、というように役割分担がなされている。仏教の信徒は、出家者である僧集団の意思決定に従いなさい、ということだ。

「五戒」――ブッダが求めた行動指針

ブッダが在家信者に対して求めたのは、三宝に帰依するということだけではなかった。それが、日常生活で身につけるべき五つの戒め（**五戒**《ごかい》）である。

1：**不殺生戒**《ふせつしょうかい》　いかなる生き物も、故意に殺したり、傷つけたりしてはならない。
2：**不偸盗戒**《ふちゅうとうかい》　与えられていないものを、故意に自分のものとしてはならない。
3：**不邪淫戒**《ふじゃいんかい》　配偶者以外の者と、不適切な性的関係を結んではならない。あるいは不倫・売買春をしない。
4：**不妄語戒**《ふもうごかい》　偽りの言葉、すなわち嘘をついてはならない。真実のみを語る。
5：**不飲酒戒**《ふおんじゅかい》　酒類を飲んではならない。

この五つの戒は禁止ではなく、**在家仏教信徒の行動指針**を示したものであり、身につけるべき生活習慣とされている。したがって違反したとしても、罰則はない。あくまでも在家がなすべき努力目標とされている。

一方、出家者の場合はまったく事情が異なっている。

出家者にとっての戒め、つまり戒律は強制力を伴うもので、破れば罰則が科せられる。数も多く、比丘(男の僧)は二百五十戒、比丘尼(女の僧)は三百四十八戒がある。

もっとも重い罰則は、サンガからの追放で、異性との性的関係を結ぶ、盗みを働く、人を殺す、悪質な嘘をつく——要するに在家に対する四つの戒めを破った場合——がこれにあたる。この罰則を受けると、どんな理由があっても二度と出家することはできなくなる。修行者としての「死刑」のようなものだ。

次に重いのが、性的な問題を起こしたり、サンガを分裂させようとしたり、無実の僧を中傷したりすることで、この場合には7日間の謹慎蟄居《ちっきょ》となる。

7 仏教の「経典」はなぜ多い？

キリスト教に「聖書」、イスラム教に『コーラン』があるように、仏教にも「教典」がある。いわゆる「お経」というものがそれだ。

ただしその数が、圧倒的に多い。中国唐《とう》代の『開元釈教録《かいげんしゃっきょうろく》』によれば1076部（5048巻）あるとされ、日本で出版された『大正新脩大蔵経《たいしょうしんしゅうだいぞうきょう》』には3053部（1万1970巻）が収められている。

ただ、実際のところ、本当の数はだれにもわからないのが現状だという。

ブッダが語った教えを、弟子たちは口頭によって伝え合ってきた。それは、「尊い言葉は音にして伝えるべきだ」というインドの思想による。そのため弟子たちはブッダの言葉をまるごと暗誦《あんしょう》し、各地で広めてきたのだ。さらに、覚えやすいように詩のスタイルがとられていた。修行のレベルに応じて覚えるべき「詩」も決められており、それが理解できると次のレベルの「詩」を暗誦した。

そのとき必ず最初につけられたのが、**「如是我聞《にょぜがもん》」**（私はこのように聞いた）という言葉であり、多くの場合、経典の冒頭にも置かれている。

4回開かれた「仏典結集」とは?

だが、ブッダが亡くなってしばらくたち、布教の範囲も広がってくると、地域によって言葉の違いが見られるようになってきた。そこで各地の指導者たちが集まり、改めてブッダの教えを確認することになったのだ。

これを**「仏典結集《ぶってんけつじゅう》」**といい、計4回開かれている。

その第一結集は、ブッダの入滅後、間もない頃のことだった。このときマガダ国の

ブッダ入滅後、500人の僧が集結し「仏典結集」を行なった

首都ラージャガハ（王舎城）に５００人の僧が集結し、経典をまとめることになったのだ。寺院でよく見る**五百羅漢《らかん》像**は、この５００人の僧の集結にちなんだものである。

ブッダは**「私が説いた『法』と『律《りつ》』を師とせよ」**と言い遺した。「法」は、ブッダの教えと、それにまつわる真理を説いたもので、やがて「経蔵《きょうぞう》」となる。

一方の「律」は、仏教徒が守るべき規則や戒律で、こちらは「律蔵」となった。

第二結集は、仏滅から１００年後に７００人を集めて開かれた。第三結集は２００

年後で1000人が集まっている。このときにはブッダの教えの注釈などもまとめられ、「論蔵《ろんぞう》」となる。

第四結集では、教えを正しく伝えるためには文字で残すべきだということになり、「経蔵」「律蔵」「論蔵」がまとめられた。これを**「三蔵」**と呼ぶ。『西遊記《さいゆうき》』には「三蔵法師（玄奘《げんじょう》）」という僧が登場するが、彼はこの「三蔵」を求めて西（インド）へと旅をしたのである。

おなじみの『般若心経』『法華経』はこうして生まれた

こうして初期の経典は成立したわけだが、1世紀頃になると仏教に大きな変革が訪れる。**大乗仏教の登場**だ。

詳細については後述するが、そこから次々と新しい宗派が生まれ、それぞれに独自の経典が作られるようになったのである。

代表的なものを列挙しておこう。

★**「般若《はんにゃ》経典」**『大般若波羅蜜多経《だいはんにゃはらみったきょう》』『般若心経《しんぎょう》』『金剛《こんごう》般若経』など。有名な「色即是空《しきそくぜくう》 空即是色《くうそくぜしき》」というフレーズで、「空《くう》」の境地を説いている。

★**『華厳経《けごんきょう》』** 華厳宗の根本経典で、正しくは『大方広仏華厳経《だいほうこうぶつけごんきょう》』という。

★**「浄土経典」**『阿弥陀経《あみだきょう》』『無量寿経《むりょうじゅきょう》』『観無量寿経《かんむりょうじゅきょう》』など。極楽浄土についてブッダが語った内容をまとめたものとされる。

★**『法華経《ほけきょう》』** 正しくは『妙法蓮華経《みょうほうれんげきょう》』という。最澄《さいちょう》が日本で興《おこ》した天台宗の中心思想で、日蓮《にちれん》もこの経典から日蓮宗を興した。

これら大乗仏教の経典については、おそらく今日でも耳になじんだ名前が多いのではないかと思う。

また、それに加えて7～11世紀には**密教**の体系化が進み、そこからも『**大日経**《だいにちきょう》』や『**金剛頂経**《こんごうちょうぎょう》』などの経典が出ている。

これらはいわば経典の〝最後発〟であり、仏教における呪術的な内容を再解釈したものといえる（なお、本書では密教についてはあまり触れないが、詳しく知りたい方は、拙著『眠れないほどおもしろい「密教」の謎』〈三笠書房《王様文庫》〉をご参照いただきたい)。

ちなみに、日本における経典は、いずれも漢字で記されている。これは、もともとはサンスクリットで書かれたものを、中国で漢字(中国語)に訳したものだ。

一方、チベットではチベット語の経典が読まれており、また東南アジアではパーリ語(ブッダが使っていた言葉に近いとされる)が使われている。

8
「大乗仏教」の登場――より多くの人に悟りの光を！

ブッダが入滅してから100年ほどたった頃、仏教教団に大激震が走る。教団が二つに分裂したのだ。保守派と改革派の争いが原因だ（208ページ参照）。

保守派は**「上座部」**と呼ばれ、ブッダの教えを忠実に守り、ブッダと同じ悟りを目指すグループ。

改革派は**「大衆部」**と呼ばれ、ブッダの教えには沿うものの、その境地には到達できそうもないので、できる範囲で思索《しさく》を深めていこうというグループ。

この二つのグループは、それから400年ほどかけてさらに20の部派（上座部が11、大衆部が9）に分裂する。そしてちょうどその頃、内部で分裂を続ける彼らを尻目に、まったく別の思想を持ったグループが台頭し始めるのである。

それは自然発生的な、仏教の大衆運動のなかから生まれてきた。

その運動の担《にな》い手たちは自分たちを**「大乗」**——多くの人々が乗れる仏教と呼び、旧来の伝統仏教を**「小乗」**——少ない人しか乗れない仏教と呼んだ（今日では「上座部仏教」と呼ぶ）。

大乗仏教は間違いなく仏教の大衆化に大きな影響を与えてきた。実際、日本の仏教もほとんどは大乗仏教だ。

出家しなくても悟りを開ける？　救済される？

大乗仏教は、上座部仏教とどう違うのか。

誤解を恐れずにいえば、**大乗仏教によって仏教は、多神教的世界に切り替わったといえる。**と同時に、キリスト教的世界にも近づいていった。あるいは仏教は大乗仏教の登場によって、初めて「宗教」になったということもできる。

それまでの仏教では、出家しない限りブッダにはなれなかったし、救済を得ることはできなかった。一方、出家者は、大衆の救済は念頭にはなく、あくまでも自分のためだけの修行を重ねていた。

そのことに対する大衆からの不満が、大乗仏教誕生のエネルギーになったことは間違いない。出家していない在家信者でも、悟りを開くことはできるし、救済もされる――それは仏教における教義の一大改革だったのだ。

大乗仏教によって、すべての信者に道が開けたのである。

だが――。これはブッダの教えそのものではない。

たとえば経典では、**如来**《にょらい》や**菩薩**《ぼさつ》という存在が説かれた。如来とは、教えを説くためにこの世界に現われた覚者《かくしゃ》（真理を悟り、衆生を教え導いていける人。人格も行ないも完全な者）であり、ブッダそのものでもある。釈迦如来とはブッダのことで、如来の代表となっている。

しかも、**大乗仏教ではブッダ以前にも、そしてブッダ以後も如来は現われる**としている。そのため、大日如来、薬師《やくし》如来、阿弥陀如来など、ブッダ以外のたくさんの如来が経典に登場し、人々に法を説くというスタイルをとる。

　菩薩は悟りを求めて修行する者で、ブッダではない。しかし、ブッダになる資格は十分に満たしている。にもかかわらずブッダにならないのは、すべての人間が救われたあとで、最後に自分がブッダになると決めているからだとされる。それだけ人間に近く、願いを聞いてくれる存在なのだ。

大衆の救済を目指した大乗仏教により
バリエーション豊かな仏像が生まれた

　こちらも観音《かんのん》菩薩をはじめ、弥勒《みろく》菩薩、地蔵《じぞう》菩薩、文殊《もんじゅ》菩薩、普賢《ふげん》菩薩、虚空《こくう》蔵《ぞう》菩薩、勢至《せいし》菩薩など、多くの菩薩がいる。ちなみに、悟りを開く前の修行中のブッダも、菩薩である。

　如来も菩薩も、それぞれさまざまな姿形がある。それはつまり、**仏＝神様が複数存在する**ということだ。その意味で仏教は、多神教に切り替わったのである。

いうまでもないが、上座部仏教では、ブッダはただ一人である。そして悟りを開く35歳よりも前のブッダは、崇敬の対象とはならない。

一方、大乗仏教では、ブッダというのは「人間が到達する一つの理想の境地を示す者」であり、そこに至った人数は問題ではないとする。だから、過去にも未来にも、その境地に到達した（する）者はいた（いる）はずだ、と考える。

実際、**「過去七仏」**といって、ブッダは悟りを開いた7番目の人物だという説もある。

9 ブッダの「対機説法」は、なぜすごいのか

前述のように、説法を始めたブッダには、すぐに1000人以上の弟子ができた。

ブッダが短期間で多くの弟子を得られた理由の一つに、**「対機説法」**があったといわれている。

これは、相手によってそのつど話す内容を変える、というものだ。そのためには、まず相手の性格や才能を見抜き、それにもっとも適した説法を選ばなければならない。

こんな話がある。

マガダにある女性がいた。彼女は金持ちの男と結婚し、ようやく男の子に恵まれる。

ところがある朝、目覚めるとその子は息をしていなかった。パニック状態になった彼女はブッダのもとを訪ね、この子を生き返らせてくれるように願い出る。

するとブッダはこう言った。

「いいだろう。芥子粒《けしつぶ》を三つ、もらってきなさい」

驚く弟子たちを前に、ブッダはこう続けた。

「ただし、これまでに死者を出したことがない家からもらいなさい」

3粒くらいなら簡単だと思って、彼女は町中のすべての家をまわった。だが、大家族制の当時のインドで、死者を出したことのない家などあるわけがない。彼女は一日中走りまわり、へとへとになってブッダのもとへ帰ってきた。

そこでようやくブッダは、本質を語った。

「わかっただろう。死なない人間などいない。ただ死ぬのが早いか遅いかの違いだけなのだ。だから生に固執してはいけない」

これを聞いて彼女はようやく子供の死を受け入れ、ブッダの弟子になったという。

重要なのは、パニック状態の彼女には、何を言っても言葉が届かないということだ。

そこで、まずは自らの身をもって現実を理解させる。そしてそのあとで、法を説くのである。これが「対機説法」だ。

十大弟子、それぞれの「得意分野」

ブッダの弟子のなかには、とくにすぐれていた「十大弟子」と称えられる10人の高弟がいる。彼らは単に有名なだけではなく、それぞれが得意とする分野を担っていたとされている。そのため、それぞれのすぐれた点を示して、「○○第一」と称されている。以下、列挙してみよう。

✴智慧第一＝シャーリプトラ（舎利弗《しゃりほつ》）

『般若心経』などに、観自在《かんじざい》（観音）菩薩の説法の相手として登場する「舎利子《しゃりし》」として知られる。

✴神通第一《じんずう》＝マウドガリヤーヤナ（目犍連《もっけんれん》）

一般的には「目連《もくれん》」として知られている。目連が餓鬼道《がきどう》に堕ちた母を救うために行なった供養が「盂蘭盆会《うらぼんえ》」の起源だとされる。

★頭陀《ずだ》第一＝マハーカーシャパ（摩訶迦葉《まかかしよう》）

仏陀の死後には教団を統率し、第一結集では座長を務めた。

★解空《げくう》第一＝スブーティ（須菩提《しゆぼだい》）

『金剛般若経』など、空を説く経典に登場。空の理解にすぐれる。

★説法第一＝プールナ・マイトラーヤニープトラ（富楼那《ふるな》）

とくに説法の能力にすぐれていた。

★論議第一＝カーティヤーヤナ（迦旃延《かせんねん》）

ブッダの教えをわかりやすく、分別しながら広説《こうせつ》したことで讃嘆《さんたん》された。

★天眼《てんげん》第一＝アニルッダ（阿那律《あなりつ》）

ブッダの従弟。居眠りしたことでブッダから叱責を受け、眠らない誓いを立てて視力を失う。しかし、そのために逆に真理を見る眼を得ることができた。

★持律《じりつ》第一＝ウパーリ（優波離《うぱり》）

戒律に精通していたことで、第一結集では、「律蔵」編纂《へんさん》の中心人物となった。また、カーストの下層階級の出身で、階級制度を否定するブッダのシンボル的存在ともなっている。

★**密行第一**《みつぎょう》＝ラーフラ（羅睺羅《らごら》）

ブッダの第一子。正しい修行をなしたことからこう呼ばれているが、「学習第一」という称号もある。

★**多聞第一**《たもん》＝アーナンダ（阿難陀《あなんだ》）

ブッダの従弟で、出家以来、ブッダの従者をつとめ、その死にも立ち会っている。第一結集では、彼の記憶に基づいて「経蔵」が編纂されている。

なお、奈良の興福寺の国宝「十大弟子立像《りゅうぞう》」は有名だが、残念ながら6体しか現存していない。

また、京都・大報恩寺の重要文化財「十大弟子像」は、10体ともほぼ完全な形で残されている。快慶《かいけい》と、その弟子の行快《ぎょうかい》の銘《めい》が一部に刻まれているという。

10

なぜ仏教は インドでは滅んでしまった？

仏教が誕生したインドでは、現在、仏教はほぼ滅《ほろ》んだといっていい。仏教徒は、インドの人口の1パーセント程度しかいないからだ。

それに対して、ヒンドゥー教徒はほぼ80パーセント、イスラム教徒は12〜13パーセントを占めている。キリスト教徒でさえ仏教徒よりも多い。

インドでもっとも仏教が盛んだったのは、1〜3世紀だといわれている。ただしこのときも、インド全域に広く及んでいたわけではなかった。

その最大の理由としては、**仏教の支持者が王族や富豪など、社会の上層階級が中心**

だったことがあげられる。

そもそも開祖のブッダ自身が王族の出身で、初期の説法の相手も裕福な人々が多かった。

ブッダが主張した「執着を捨てよ、すべてを捨てよ」という教えは、日々の生活で精一杯の庶民や貧困層には、なかなか受け入れられるものではない。そもそも捨てるべき財産が、彼らにはないのだから。

さらに、ブッダが説いた出家主義は社会構造的に大きな問題を抱えていた。人々が全員、出家した場合、生産や流通などを担う者がいなくなり、社会が崩壊するのである。

その意味でも**初期の仏教は、少数精鋭のエリート主義**だったのだ。

この状況は、大乗仏教の登場によってある程度は是正されていくのだが、そうなる前にインドでは、より庶民の生活に寄り添った宗教が広まっていた。

ヒンドゥー教だ。

ヒンドゥー教は、古代インドにおけるアーリア人の宗教だったバラモン教の『ヴェーダ』（210ページ参照）をベースに、インド各地の土着信仰を加えたもので、紀元3世紀頃から広まった。

最高神としては**シヴァ**もしくは**ヴィシュヌ**が置かれ、そのほか多数の土地の神々が存在する。そしてその神々に供物《くもつ》を捧げ、礼拝するだけで現世利益《げんぜりやく》——商売繁盛、家内安全、縁結び——が叶うというものだ。

このわかりやすさが受け入れられ、インドではヒンドゥー教が主流となる。そして仏教はますますエリート層だけのものとなり、支持基盤を失っていったのだ。


仏教にも、大衆化を志向する動きは起こった。それが前述の大乗仏教であり、密教だった。

大乗仏教は、出家の必要はなく、だれもがブッダの救済を受けることができると説き、ヒンドゥー教の呪術的な力に対しては、密教の儀式と呪文（マントラ）によって、神通力を得ることが可能だとした。

しかし裏を返せば、それは仏教の独自性を失うということでもあった。ヒンドゥー教を信じる人たちを振り向かせるだけの違いや、仏教本来の魅力をアピールすることができず、インドではますます影が薄くなっていったのである。

イスラム勢力による仏教大学僧院の破壊

そして11～12世紀になると、アフガニスタン側からムスリム勢力が、インドに略奪戦争をしかけてくるようになった。彼らの目標は寄進によって富を蓄えていた仏教寺院だったが、それを命がけで守る一般の人々はほとんどいなかった。

決定的だったのは13世紀初頭、侵入してきたイスラム勢力によって、ベンガル地方にあった仏教大学の僧院が破壊され、僧侶たちが惨殺されたことだ。これによってインドの仏教はほぼ命脈を絶たれることになり、多くのサンガが東南アジアや東アジアに逃亡したとされる。

当時、スリランカには古くから上座部仏教が根づいていた。

一方、中国の文化圏だったベトナムでは大乗仏教が盛んで、インド文化圏だったカンボジアでは、ヒンドゥー教寺院として有名な**アンコールワット**が建てられている。

さらにインドネシアのジャワ島にある**ボロブドゥールは、大乗仏教の華厳思想に基づく巨大な仏塔**だった。

だが、やがて東南アジアでは、上座部仏教が主流になっていく。

これらはいずれも、スリランカから「輸出」されたものだ。だがその一方で、僧院の破壊によって13世紀にインドから脱出した仏教関係者の力も大きかったという説もある。

また、チベットには7世紀前半、チベット全土を初めて統一した**ソンツェン・ガンポ王**により、仏教がもたらされた。王には唐とネパールから嫁いできた二人の妃《きさき》がいたが、それぞれが中国仏教とインド仏教を熱心に信仰していたのである。

11 浄土宗、天台宗、真言宗——中国に多数の宗派が生まれた理由

遠い西方からシルクロードを通って、仏教が中国に入ってきたのは1世紀頃のことだといわれる。

実はもともと、**中国には仏教がなじみやすい下地**があった。**道教**《どうきょう》が、仏教思想の理解にとても役立ったというのだ。

道教は中国の伝統的宗教で、錬丹術《れんたんじゅつ》を用いた修行によって**「道（タオ）」**と一体化し、不老不死の仙人となることを目標としている。

その教えの根幹は、「道は学べても教えられず、そこへと至る『恒常不変《こうじょうふへん》の道』は、自ら見出さなければならない」とされていた。

この思想の骨格は、ブッダの教えときわめてよく似ている。また、道教には「無」という思想があって、これも仏教の「無」や「空」に酷似《こくじ》していた。それゆえ中国でも、仏教は受け入れられやすかったというのだ。

しかし、下地があるということは、たやすくそれと混同し、本質がわかりにくくなるという欠点もある。そこで4世紀になると、こうした道教と混淆《こんこう》したような仏教を糺《ただ》し、より正しい仏教を確立しようとする動きが出てきた。

そのために西域《せいいき》から招かれたのが、クマーラジーヴァ、**鳩摩羅什《くまらじゅう》**だった。

鳩摩羅什が訳した『龍樹菩薩伝』

鳩摩羅什は、西域からもたらされた膨大な経典を、中国語に翻訳する。それはきわめてわかりやすく流麗な文体で、たちまち中国における経典のスタンダードとなった。

日本にもたらされた経典も、その多くは鳩摩羅什の訳なのだ。『法華経』『阿弥陀経』『大品《だいぼん》般若経』『小品《しょうぼん》般若経』『維摩経《ゆいまぎょう》』などがそうである。

鳩摩羅什のもとにはやがて何千人もの研究者が集まり、本格的な仏教の研究が開始されることになった。そのなかから、たくさんの宗派が生まれてくるのだ。

その鳩摩羅什が訳した『**龍樹菩薩伝**《りゅうじゅ》』には、**龍樹（ナーガールジュナ）**というすぐれた僧が登場する。

彼は南インドのバラモンの出身で、大乗仏教の中心的思想である『中論《ちゅうろん》』を著し、大乗仏教を体系化した人物とされる。その功績がなければ、大乗仏教はただの在俗信徒による異端仏教に終わっていたかもしれない、という指摘もあるほどだ。

大乗仏教の国である日本でも（ことに浄土真宗では）、龍樹は**「八宗の祖」**と呼ばれている。

ちなみに日本で「八宗」といった場合、天台宗、真言宗、浄土宗、浄土真宗本願寺《ほんがんじ》派、真宗大谷派、臨済宗、曹洞宗《そうとう》、日蓮宗を指すことが多いが、龍樹の功績としてとらえたときには、大乗仏教全体を指すことになる。

つまり、**龍樹は大乗仏教の祖**なのだ。

道教の「無」の思想を仏教に取り入れた禅

その後、中国ではさまざまに仏教が花開いていく。毘曇《びどん》宗、成実《じょうじつ》宗、浄土宗、律《りつ》宗、地論《じろん》宗、三論《さんろん》宗、涅槃宗、禅《ぜん》宗、摂論《しょうろん》宗、天台宗、華厳宗、法相《ほっそう》宗、真言宗がそれで、**「中国十三宗」**ともいわれる。

ここではそのうちの**禅宗**について取りあげたい。**道教における「無」の思想を、仏教に取り入れたのが禅**だと考えられるからだ。

禅のルーツはもちろん、ブッダにある。ブッダ自身、禅定《ぜんじょう》（心を静めて一つの対象に集中する瞑想）によって悟りを開いたからだ。その思想を受け継ぎ、中国に禅をもたらしたのが、5世紀後半から6世紀の**菩提達磨《ぼだいだるま》**である。

達磨は、もともとはインドの王子だったともいうが、その生涯については不明な点も多い。中国に渡ったのは60歳のときで、梁《りょう》の皇帝・武帝《ぶてい》から招かれて教えを説いたが、理解はされなかった。そこで、まだ時期ではないと察した達磨は、**少林寺**に籠もって壁に向かい、座禅修行に打ち込んだ。このときに**慧可**《えか》に禅の教えを伝えると、帰国途中で没したとされる。

慧可は儒教や道教の老荘《ろうそう》思想を学び、それに満足できずに得度《とくど》した。その後、各地を放浪して修行を積んだが納得のいく成果が出せず、少林寺で壁に向かって座禅をしていた達磨に弟子入りを懇願。何度も断られたものの、自らの腕を切り落としてその熱意を示し、教えを得たという伝説（慧可断臂《だんぴ》）がある。

東京・哲学堂公園の達磨大師像

こうして慧可は達磨の法灯《ほうとう》（教え）を継ぎ、中国における禅宗の第二祖となったのだ。

中国の禅宗はやがて北宗と南宗に分裂したが、日本にはそのうちの南宗から伝わっている。

12

ブッダは「死後の世界」について語らなかったが――

ブッダは、**「死後の世界」**について具体的に語ることはなかった。質問者を捨て置き、答えようとはしなかったのである。

これは、わからないことについては、わからないと理解し、あきらめることが重要だというブッダの考えによるとされる。そんなことに執着したところで、修行の妨げにしかならないからだ。

だが一方で、インドには古代からバラモン教の死生観があり、仏教もその影響を受けずにはいられなかった。したがって**仏教における死後の世界観は、ブッダ以前の思想を背景に、ブッダの死後に生まれた思想**であることは確認しておきたい。

「六道輪廻」とは何か

　バラモン教では、人間の本質は永遠の霊魂であり、死んでも無限に生まれ変わり続けるものと認識していた。しかも人間に生まれ変わるとは限らず、昆虫や動物、植物になることもあるし、地獄に堕ちることもある。
　これを**「輪廻転生」**といい、そこから抜け出す方法は、そのつどの「生」を正しく、善《よ》く生きることとされた。これをベースに、仏教では転生する先が六つのランク、階層に分けられた。この六つのランク、階層を**「六道《ろくどう》」**という。

✴天道《てん》　前世で多くの善行を積んだ、限られた者だけが住める。しかし、次もまた天道に転生できる保証はなく、まだ輪廻のなかにある恐怖からは逃れられない。

✴人間道《にんげん》　私たちが暮らす世界。ただし、人間の住む世界は四つあり、私たち以外の三つの世界には、寿命が長い巨人が住んでいる。

✴修羅道《しゅら》　4人の修羅王が統治する世界。阿修羅《あしゅら》というのはそのうちの一人。妄執《もうしゅう》に取り憑かれ、慈悲心を失った者が転生し、永遠に戦いの苦しみを味わい続ける。

★**畜生《ちくしょう》道** 人間以外のあらゆる生き物の世界。弱肉強食のなかで、日々、飢えと死の恐怖におびえて生きなければならない。

★**餓鬼《がき》道** 物欲や食欲が強く、それが満たされない場合に他者を恨んだ者が行く世界。止まることのない欲望に、日々、心と体が焼き尽くされる。

★**地獄道** 前世でもっとも罪の重い行為をしたものが行く世界。上下8層、八つの地獄世界があり、想像を絶する苦しみを味わうことになる。

これを見ると、動物（畜生道）に生まれ変わるのはまだましなほうで、その下にさらに凄惨《せいさん》な世界が存在していることがわかる。

なお、この六道輪廻の世界の中心にあるのが、とてつもなく巨大な山、**須弥山《しゅみせん》**だ。天道はこの須弥山の中腹以上にあり、下にいくほど人道に近くなる。そこでは下からの侵入者を防ぐために、四天王《してんのう》が警護をしている。また須弥山の最上階には忉利天《とうりてん》がありそこの主である帝釈天《たいしゃくてん》がブッダを守護しているとされる。

地獄道のうち「大叫喚地獄」では、獄卒（地獄の鬼）が
熱鉄のかなばさみで罪人の舌を引っこ抜くという

「来世の行き先」はこうして決まる

さて、人が死ぬと、すぐにこの六道（来世）に入るわけではない。

現世と来世の間には、死後の世界**（冥土《めいど》）**がある。死者の魂はこの世界で、**49日間の旅**をすることになる。

そして、7日に一度、合計7回の裁判を受けることになる。

有名なのは5番目の裁判で、ここでは**閻魔《えんま》大王による審判**となる。**「四十九日」の法要**は、一連の裁判が終了し、行き先が決まったときに行なわれるものだ。

また、旅の途中では**三途《さんず》の川**を渡る。

このときに船に乗るには「渡し賃」として六文《ろくもん》が必要だともいわれ、棺《ひつぎ》に現金（冥《めい》銭《せん》）を入れる習慣はここからきている。

さて、かりに六道で最高の天道に転生したとしても、魂はまた輪廻する。次に地獄道に堕ちないという保証はないし、そのため不安や苦しみから脱却することもできない。

一方、須弥山のさらに上、地上世界からは切り離されたところには、「浄土」（阿弥陀仏が住する浄土を、とくに**「極楽浄土」**という）がある。あるいはこれを**「彼岸《ひがん》」**といってもいい（その場合、地上世界は「此岸《しがん》」ということになる）。

そこはいっさいの苦しみも不安なく、ただひたすら仏の声に耳を傾け、修行に励むことができる場である。

まさに「楽しみを極めた浄《きよ》らかな土地」なのである。

この、二度と輪廻転生をしない究極の世界を目指し、こちらの岸（此岸）から彼方《かなた》の岸（彼岸）へと渡ることを目指すのが、ブッダの教えなのだ。

13

「一切皆空」――大乗仏教の基本概念

大乗仏教の「経典」のなかで、もっとも重要とされているのが、いわゆる**「般若経」**だ。当然ながら数もきわめて多い。

なかでも**玄奘三蔵**が訳した**『大般若波羅蜜多経』**（通称**『大般若経』**）は、重要な般若経典をほぼ網羅しているので、全体で600巻500万字にも及ぶ。

そこで、そこからエッセンスを抽出し、よりコンパクトにまとめられたのが**『般若心経』**（正式名称は『仏説摩訶《ぶっせつまか》般若波羅蜜多心経』）だ。これについては後半で説明するとして、まずは「般若経」に書かれた内容を見ていこう。

中心テーマは**「空」**という、大乗仏教における基本概念だ。

「空」とは、（すべてのものには）実体がない、という意味だ。

実体というのは、それだけでこの世界に存在することができる確かなもののことだが、あらゆるものが因果によって関係し合い、誕生と消滅を繰り返しているという仏教思想では、実体のあるものなど存在しないのである。

そして、すべてのとらわれから解き放たれ、「空」の認識に至ることが、悟りの境地、涅槃へと到達することであるとされる。

では、そのために必要なことは何なのか？

「般若経」はタイトルどおり、「般若」だと説く。「般若」というと、日本では怖いイメージがあるかもしれないが、サンスクリットで「プラジュニャー」――**「完全なる智慧」**を意味している。

「般若経」は、その「完全なる智慧」を会得するための方法論について、以下のように具体的に語っているのだ。

1：**布施**《ふせ》　僧に金銭・食糧・品物などを寄進すること。あるいは貧しい者に金銭や食事を施すこと。

2：**持戒**《じかい》　戒律を遵守すること。

3：**忍辱**《にんにく》　苦難を耐え忍ぶこと。

4：**精進**　己の目標に向かって努力すること。

5：**禅定**　瞑想を行ない、精神を安らかにして思索すること。

6：**般若**　悟りへと至る「完全なる智慧」を身につけること。

これらのうち、1から5までの修行を行なうことで、6の「完全なる智慧」を得ることができる。そしてこの六つの道程を**「六波羅蜜」**《ろくはらみつ》と呼ぶのである。

265字に教えの核心が凝縮された『般若心経』

さて、**500万字にも及ぶ『大般若経』のエッセンスを265字に要約したのが『般若心経』**だ。

しかし、短いながらもそこには、仏教の教えの核心となる三つの要素**「三法印」**《さんぼういん》が集約されているという。

「三法印」とは、「諸行無常《しょぎょう》」「諸法無我」「涅槃寂静《じゃくじょう》」の三つをいう。また、これに「一切皆苦《いっさいかいく》」を加えて「四法印《しほういん》」ともいう。

この世のすべてのものは無常（すべてが生々流転《せいせいるてん》、変化すること）であり、すべてのものに永遠不変な実体など存在しない。この実体のないものを求めるから苦が生じるのであるが、それもまた空であることを知ることで、涅槃の境地へ至る――『般若心経』が説くのはそのことだ。

なかでもとくに有名なフレーズは「色即是空　空即是色」だろう。

色とは、この宇宙に存在するすべての物質や現象であり、空はそこに永遠の実体などない、という意味だ。

つまり、形あるもの、目に見えるものはこの宇宙に実体として存在しているわけではない、ということである。そしてそれぞれは縁起（223ページ参照）によって連環しているので、原因が失われれば現象も消えていく。これはそのことを、きわめて端的に表現したものなのである。

『般若心経』の最後には18文字からなる
呪文ともいえる真言（マントラ）がついている

そして興味深いのは、最後の18文字だ。

「羯諦《ぎゃてい》・羯諦　波《は》羅《ら》羯諦　波《は》羅《ら》僧《そう》羯諦　菩《ぼー》提《じー》薩《そ》婆《わ》訶《か》」

これは**真言（マントラ）**と呼ばれる呪文、まじないの言葉で、ここだけはブッダが説いた「智慧」から少々はずれたものになっている。

これは『般若心経』があくまでもコンパクト版であり、**それ自体が呪文的**なものであるという証明なのである。

14

なぜ「チベット仏教」は世界的に注目されるのか

チベット仏教は、出家制度はもちろん、「四聖諦（四諦）」（224ページ〜参照）、顕教《けんぎょう》（密教以外の仏教の教え）における哲学、さらには密教と、幅広く仏教の教えを包含《ほうがん》している。そのため、**インドで生まれた仏教の系譜を、事実上、世界で唯一継承してきたのがチベット仏教**とされている。

7世紀前半に、チベットに仏教がもたらされたが、それ以前のチベットは、ボン教という呪術的な民族宗教の世界だった。だが仏教は、ボン教の思想や習慣を排斥《はいせき》せず、宥和《ゆうわ》的に取り込むことに成功する。とくに8世紀になってインドからパドマサンバヴァを招き、密教が導入されたことが大きかった。呪術的な部分がボン教とマッチし、

天空にそびえ立つポタラ宮殿。
チベット仏教の法王であるダライ・ラマの居城だった

いわゆる**チベット密教**が生まれたからだ。

その後、チベットでは中国仏教とインド仏教による論争が行なわれ、インド仏教が勝利し、インド仏教だけが正式な仏教として認められるようになる。それはインドですでに行き場を失いつつあった仏教思想や経典が、一挙にチベットに集まり始める原動力となった。

曲折を経て、14世紀になるとツォンカパという人物によって大きな改革が行なわれ、**顕教をマスターしなければ密教も修行できない**、という規則が作られた。彼の宗派をゲルク派といい、以降、旧派はニンマ派、新派はゲルク派となった。

主流となったゲルク派から誕生したのが、

ダライ・ラマだ。

彼らによれば、**チベットそのものが観音菩薩の浄土であり、ダライ・ラマは観音菩薩の化身**だという思想が生まれた。17世紀になると、ラサに**ポタラ宮殿**が造られ、ダライ・ラマはそこに居住し、宗教的・政治的指導者となって、政教一致が行なわれるようになる。

またその一方で、純粋な宗教的指導者として、**阿弥陀如来の化身とされるパンチェン・ラマ**も登場してくるのである。

「観音菩薩の化身」として転生を続けるダライ・ラマ

チベット仏教には、**「化身ラマ」**という考えがある（「ラマ」は「僧侶」という意味）。如来や菩薩が人々を導くために、修行僧としてこの世に姿を現わす、というものだ。ダライ・ラマが観音菩薩の化身、パンチェン・ラマが阿弥陀如来の化身とされたのはそのためだ。

しかも、彼らは常にこの世界に転生を繰り返している。それについては「ダライ・

ラマ法王日本代表部事務所」のホームページに、概略が次のように紹介されている。

「ダライ・ラマ法王制度は世襲制でもなければ、選挙で選ばれるわけでもない。先代の没後、次の生まれ変わり（化身）を捜す『輪廻転生制度』である。新しく認定されたダライ・ラマ法王は、先代が用いたすべての地位や財産を所有することができる」

「チベット仏教の理論上、転生者が亡くなると、49日間以内に地上のどこかに転生者として生まれ変わると信じられている。しかし、それは限定ではなく時と場合によっては2～3年後に生まれ変わるケースもまれにある」

こうして捜し出されたのが、現在の第14世ダライ・ラマだ。だが、中国がチベットを軍事制圧した1959年のチベット動乱によって、彼はインド北部ダラムサラに亡命。そこでチベット亡命政府を樹立するが、現在は政治的指導者としての立場は退位している。

しかし、**中国政府は後継者選びに強く介入し、政府の許可なしの転生は認めないこ**

とを決定している。もちろんダライ・ラマはこれに強く反発しているので、どうなるのか、まだ目を離せそうもない。

なお、もう一人の転生者、パンチェン・ラマは現在、二人存在する。

一人は24年前にダライ・ラマによって認定された当時6歳の少年。しかし、彼は中国政府によって拉致《らち》され、行方不明のままだ。そして、もう一人は中国政府が指名し、中国内外で「中国共産党統治下の平和なチベット」をＰＲするパンチェン・ラマである。

——この問題の闇《やみ》は深いようだ。

15

仏教伝来と日本仏教の祖・聖徳太子

日本に仏教が伝わったのは、6世紀中頃だとされている。

『上宮聖徳法王帝説《じょうぐうしょうとくほうおうていせつ》』では538年、『日本書紀』では552年。いずれも欽明《きんめい》天皇の御代《みよ》に、朝鮮半島の百済《くだら》の聖明王《せいめいおう》から釈迦如来の金銅像と経典が贈られたという記述がある。これが王から天皇への、いわゆる「仏教公伝《こうでん》」だとされている。

公伝があるということは私伝もあるわけで、それ以前に渡来人たちによって日本に仏教が私的に持ち込まれていたことは間違いない。

たとえば『扶桑略記《ふそうりやつき》』には、552年に渡来人の司馬達等《しばたつと》が大和《やまと》（現・奈良県）の坂田原に草堂を建て、仏像を安置して拝《はい》したという記述を見ることができる。

物部氏vs蘇我氏――排仏・崇仏論争

ともあれ、仏教が公式に伝えられると、それを受け入れるべきかどうか、激しい論争が朝廷内で巻き起こった。

有名な**物部氏**《もののべ》と**蘇我氏**《そが》による**排仏・崇仏**《すうぶつ》**論争**だ。

物部氏と中臣氏《なかとみ》は、異国の神（これを蕃神《ばんしん》と呼んだ）を祀れば、必ずやわが国の神々の怒りに触れて災いが起こるとし、一方の蘇我氏は、仏教はもはや中国や朝鮮でも受け入れられている国際的な宗教であり、われわれもそれに乗り遅れてはならないと主張した。

態度を決めかねた欽明天皇は、百済から贈られた仏像を蘇我稲目《いなめ》に渡し、礼拝するように命じる。稲目はさっそく向原《むくはら》にあった私邸にこれを祀り、寺とした。これが日本最初の寺となった向原寺《こうげんじ》（広厳寺）の始まりだ。

するとまもなく、疫病《えきびょう》が流行りだす。まさに神々の怒りだとする排仏派は寺を焼き、仏像を難波《なにわ》の堀に捨てたとされている。

その後、敏達《びだつ》天皇、用明《ようめい》天皇の時代も、天皇は仏教に帰依せず、蘇我馬子《うまこ》が私邸で仏像を祀るだけだった。しかし、蘇我氏が朝廷内で強い力を持つようになると、状況は大きく変わってくる。

そこで重要な役割を果たしたのが、**厩戸王《うまやとのおう》——聖徳太子**だった。

なぜ聖徳太子は仏教を「国の骨格」としたのか

大阪に**四天王寺《してんのうじ》**という寺がある。『日本書紀』によると593年に聖徳太子によって建立された、由緒正しき寺だ。ところが創建のきっかけは、実に血なまぐさい。

587年、崇仏派の蘇我氏と排仏派の物部氏の間で武力闘争が勃発した。このとき14歳の聖徳太子は、蘇我氏方に与《くみ》していたが、戦況不利と見るや、木《き》を伐って四天王像を彫り、こう祈願する。

〈もしもこの戦いに勝利できたなら、必ずや四天王像を安置する寺を建てましょう〉

すると、敵の大将・物部守屋《もりや》に矢が命中し、戦いに勝利した。

聖徳太子が創建した四天王寺。
物部氏の財産と奴婢を使って建てられたという

それから6年後、太子は誓いどおり、難波で四天王寺建立に取りかかった。その際、寺の造営資金と労働力は、物部氏の財産と奴婢《ぬひ》が使われたという。

それまでは、天皇が仏教を受け入れるかどうか、立場を明確にすることはなかった。聖徳太子は天皇にはならなかったが、摂政《せっしょう》として仏教を積極的に受け入れ、仏の力を借りようとしたのである。

太子の目的は、**仏教を骨格に国の体制を整える**、というものだった。

それは精神的な支柱となるだけでなく、大陸伝来の最先端技術——建築学、土木工学、医学、工芸技術など——と一体のものだ。それらを仏教とともに、輸入しようとしたのである。

聖徳太子は朝鮮半島からの渡来僧から仏教を学び、『法華義疏《ほっけぎしょ》』『勝鬘経義疏《しょうまんぎょうぎしょ》』『維摩経義疏《ゆいまぎょうぎしょ》』のいわゆる**『三経義疏《さんぎょうぎしょ》』**を著している(「義疏」とは注釈書のこと)。

太子が建てた寺も、先の四天王寺をはじめ、法隆寺《ほうりゅうじ》、中宮寺《ちゅうぐうじ》、橘寺《たちばなでら》、法起寺《ほっきじ》、葛木尼寺《かつらぎにじ》など数多い。

こうしたことから太子は、**日本仏教の祖**とも称されている。

ただし、注目すべきは聖徳太子は出家をしなかった、ということである。太子は在家のまま、仏教を学んだのだ。これはつまり、ブッダと同じ悟りへの道は歩まなかった、ということを意味している。ある意味、これが日本における仏教のあり方を決定づけたといってもいい。

今日に至るまで、日本の仏教が「在家主義」なのは、聖徳太子の姿勢を伝統的に受け継いでいるといってもいいのである。

16

「鎮護国家」システムとは何か

日本における仏教の特徴は、**最初から国家によって管理**されていた、ということだろう。そもそも仏教伝来の時点から、朝廷で仏教を採用するか拒否するかの論争がなされていた。

そして奈良時代になると律令《りつりょう》制の完成とともに、国家によって仏教を統制する制度も確立する。ブッダの時代、出家するかしないかは個々人の自由だった。しかし、当時の日本では出家するには国家の認可が必要であり、人数も制限されていた。僧正《そうじょう》、僧都《そうず》、律師《りつし》といった役職の任命権も国にあり、また言動のすべてが管理されていた。

その代わりといってはなんだが、出家すると生活はすべて国によって保障されることなる。早い話が、一種の「国家公務員」だ。

こうして作られたのが、仏法によって国家を守護する**「鎮護《ちんご》国家」**というシステムである。

国分寺と大仏造立がもたらしたもの

日本の僧は、たとえば私的な道場を設けて、そこで出家希望者や在家信者を指導する、というようなことは基本的にできなかった。

ではどうするのかというと、寺院でひたすら経典を誦《じゅ》し、「国の安寧」と「天皇の安穏《あんのん》」を祈念するだけだ。

これを日本全国で行なうようにしたのが、**東大寺**と**国分寺**の建立だ。

741年に聖武《しょうむ》天皇は、**「国分寺建立の詔《みことのり》」**を発し、全国の国府に国分寺と国分尼寺を、そして奈良には、それらを統括する総国分寺として東大寺を建立するように命じた。

その背景には天然痘《てんねんとう》の流行と凶作、政治の混乱による世情の不安があった。全国に堂塔を建てて仏像を安置し、一斉に読経《どきょう》することで災いが収まり、五穀豊穣が実現することを願ったのである。

さらに、743年には**「大仏造立《ぞうりゅう》の詔」**が発せられ、東大寺に巨大な盧舎那仏《るしゃなぶつ》が造立されることになる。盧舎那仏（『大日経』系の密教仏は「毘盧遮那仏《びるしゃなぶつ》」＝大日如来）は、無数の釈迦仏を統合するものとされている。その台座には1000の蓮弁《れんべん》があるが、それぞれに自らの化身である釈迦仏が刻印されている。これが地方の国分寺に祀られる釈迦如来像であり、その釈迦如来の台座の蓮弁にもまた、それぞれの釈迦仏が存在するというのだ。

これはつまり、**日本の仏教が完全に中央集権化されたた**ということであり、国家の隅々まで中央のコントロールを徹底させる、ということの表われでもあった。

最澄と空海——平安京にもたらされた新風

当然ながら奈良の都（平城京）では、仏教が花開いた。巨大寺院が次々と建てられ、都はまさに仏都となった。だが、そこに大きな問題が生まれる。高僧たちによる政治介入だ。

とくに有名なのは、**称徳天皇**《しょうとく》と**道鏡**《どうきょう》の関係だろう。道鏡は女帝の寵愛《ちょうあい》を受けていることを利用し、ついには皇位につこうとまでしたのだ。また、寺院に寄進される荘園《しょうえん》が増えすぎて、国庫を圧迫するという問題も出てきた。

そこで794年、平安京への遷都《せんと》が行なわれる。このとき、平城京から平安京への寺院の移転はいっさい認められなかった。鎮護国家のために、羅城門《らじょうもん》の東西に東寺《とうじ》と西寺《さいじ》が新たに建立されただけだ。

平安初期のこのような日本の宗教界に、中国から新たな仏教がもたらされる。**空海**による**真言密教**と、のちに日本仏教の主流となる**最澄**による**天台宗**である。

近江国《おうみのくに》（現・滋賀県）で生まれた最澄は14歳で得度《とくど》。39歳のときに遣唐使として中国に渡り、そこで天台円教《えんぎょう》と大乗戒《だいじょうかい》を受けて帰国。比叡山延暦寺《ひえいざんえんりゃくじ》を建てて日本の天台宗の開祖となった。

ちなみに、密教には「胎蔵《たいぞう》（界）」と「金剛界」の両界があるが、このうち、呪術的なパワーがもたらされるのは、金剛界である。だが最澄は、密教のうち胎蔵界の教えしか持ち帰らなかった。

当時の朝廷が仏教に期待していたのは鎮護国家であり、密教による呪術的な力だった。それゆえ両界とも持ち帰った空海（最澄と同じ遣唐使の一員として、空海も同時に入唐《にっとう》した）が、熱烈な歓迎をもって迎えられたのに対して、最澄は期待外れとされたのだ。

その無念を晴らしたのは、最澄の死後に唐に渡り、空海の真言宗を圧倒するような密教の成果を持ち帰った**円仁**《えんにん》だった。その結果、比叡山延暦寺は、顕密一致の名実ともに日本一の寺となったのである。

17

「真言密教」と空海の驚くべき法力

密教（真言密教）を本格的に日本に定着させたのが、空海だ。彼はまた、日本仏教史上まれに見る超人として、多くの伝説に彩られている。

空海がどのように語られてきたかを知ることで、密教（仏教）が平安時代の日本でどのように受け止められていたのかを知ることができる。そこで**空海の生涯と、彼が密教の「呪術＝法力《ほうりき》」で起こした霊験《れいげん》**を見てみよう。

空海の本名は佐伯真魚《さえきまお》といい、774年に讃岐国多度郡《さぬきのくにたどごおり》（現・香川県善通寺《ぜんつうじ》市）で生まれている。791年に長岡京の大学寮に入るが、満足できず、山岳で独自の仏教修行をするようになった。吉野の金峯山《きんぷさん》や四国の石鎚山《いしづちさん》といった霊山で厳しい修行を重ねた。密教経典の『大日経』を知ったのもこの時代だという。

そしてあるとき、空海の人生に決定的な転機を迎えることになる、大きな出会いがあった。このことについて空海の著書『三教指帰《さんごうしいき》』には、次のように書かれている。

「ここにひとりの沙門あり。余に虚空蔵求聞持《ぐもんじ》の法を示す」

ある僧侶と出会い、彼から「虚空蔵求聞持法」を授かったというのだ。

「虚空蔵求聞持法」とは、ある作法により真言（マントラ）を100日で100万回唱えるという修行法で、達成すればあらゆる経典を暗記し、なおかつ理解することができるというものだ。

空海はこの秘法を授かると、高知・室戸岬《むろとみさき》の洞窟に籠もった。すると修行が終了する明け方、大音響とともに明星《みょうじょう》（虚空蔵菩薩の化身）が空海の口のなかに飛び込んできたというのだ。

室戸岬の御厨人窟（みくろど）から眺める夜明け。
この光景を空海も目にしたのだろうか——

「土州室戸崎《どしゅうむろとのさき》に勤念《ごんねん》す。谷響《たにひび》きを惜《お》しまず、明星来影《らいえい》す」

こうして空海は、**驚異的な「超能力」**を手に入れたのである。また空海という名も、このときの洞窟では、目に入るものが空と海だけだったことに由来するという。

やがて空海は得度し、遣唐使の留学生《るがくしょう》として20年の予定で唐に入る。そこで密教僧の**恵果《けいか》**から、真言密教の法統を受け継ぐのだ。

空海の素質は、当時の仏教の本場であった唐でも飛び抜けていたらしく、恵果が遷《せん》化《げ》（死去）したときには、空海はすべての弟子を代表して碑文《ひぶん》を起草しているほどだ。

こうして当時の最先端仏教である密教をわがものとした空海は、20年の予定を大幅に短縮し、わずか2年で大量の経典や法具とともに帰国した。

そして、高野山《こうやさん》に金剛峯寺《こんごうぶじ》、京都に教王護国寺《きょうおうごこくじ》（東寺）を密教修行の場として打ち立てるのだ。

淳和天皇の勅命――神泉苑での雨乞い合戦

京都には、空海をライバル視する守敏《しゅびん》という僧侶がいた（空海は嵯峨《さが》天皇から東寺を賜《たまわ》ったが、守敏は同じく西寺を賜ったともいう）。

８２４年、淳和《じゅんな》天皇の勅命《ちょくめい》により、空海と守敏による雨乞いの祈禱《きとう》合戦が神泉苑《しんせんえん》で行なわれることになった。

実は守敏は、かつて空海と法力《ほうりき》比べをし、恥をかかされたことがあった。それを恨みに思った守敏は、絶対に負けない秘策を練っていた。守敏はあらかじめ呪法で竜神（雨を司《つかさど》る神とされる）をすべて捕らえ、小さな水瓶のなかに押し込めてしまっていた。都がひどい旱魃《かんばつ》で苦しんでいたのも、実はそのせいだったのだ。

天皇は、まず守敏に請雨《しょうう》の祈禱をさせた。守敏は、もちろん雨など降るはずもないのはわかっていた。それでも17日目になって、ようやくわずかばかりの雨が降った。これで自分の勝ちだと、彼は思っていた。


次は、空海の番だ。

7日祈っても雨は降らない。これはなにか様子がおかしいと思った空海は、自らの神通力を駆使して竜神を捜し始めた。すると、竜神たちはみな、守敏によって水瓶に封じられていることがわかったのだ。

しかし空海は、たまたま守敏の目から逃れていたヒマラヤの「**善女龍王**《ぜんにょりゅうおう》」なる竜神を見つけ、神泉苑の池に降り立たせた。

そして、空海が祈禱を再開すると、あっという間に天に黒雲が湧き、三日三晩もの間、大雨が降り続いたのである。

こうして善女龍王が棲《す》むようになった神泉苑は、規模こそ当時よりも縮小したものの、現在もなお二条城近くに残されている。

空海は〝未来予知の達人〟だった⁉

さて、唐から真言密教を伝えた空海は、数多くの法具や経典を日本にもたらしたが、そのなかに**『宿曜経《すくようきょう》』**という経典があった。

正式には『文殊《もんじゅ》師利《しり》菩薩《ぼさつ》及《きゅう》諸仙《しょせん》所説《しょせつ》時日《じじつ》善悪《ぜんあく》宿曜経』という。

簡単にいえば占星術もしくは星占いということになるが、話はそう単純ではない。『宿曜経』はやがて日本において、「宿曜道」となる。具体的には、二十八宿、十二宮、七曜《しちよう》、九曜《くよう》などの天体の運行と、生誕日によって未来を予知したり、日時や方角の吉凶を知る術である。

これを熟知した者は**「宿曜師」**と呼ばれ、暦《こよみ》によって未来を読むという点では、有名な**陰陽師《おんみょうじ》と勢力を二分**する存在でもあった。いや、それどころか、ついには陰陽師の立場を危うくさせたともいわれているほどだ。

当然、日本における『宿曜経』の伝達者である空海は、すぐれた宿曜道の使い手であり、**未来予知の達人**でもあったということになる。ここでその詳細を紹介していく余裕はないが、空海が未来を見通す千里眼《せんりがん》を持ち、また超能力によって多くの人々を救ったという話は日本各地に残されている。

とくに宿曜師が力を発揮したのは、「占術」ならぬ「戦術」だった。戦いに勝つために、積極的に未来を読み取ろうとしたのは当然のことといえる。

その使い手とされているのが、古くは中国における「三国志」の時代の名軍師・諸《しょ》葛亮《かつりょう》 孔明《こうめい》や、日本の源《みなもとの》 頼朝《よりとも》・義経《よしつね》の兄弟、戦国時代の真田《さなだ》幸村《ゆきむら》や斎藤道三《どうさん》といった面々で、まさにそうそうたる顔ぶれだ。

そのなかで、最後の使い手となったといわれているのが、徳川幕府の創設に力を発揮した**天海**《てんかい》である。彼は江戸幕府の安定のためにこの術を使ったが、家康は宿曜道(同時に陰陽道も)を禁止した。それは何よりも**家康が、その力の恐ろしさを熟知し**ていたからなのである。

18 末法の世に登場！鎌倉仏教は何が画期的だったか

平安時代の末、日本では**末法思想**《まっぽうしそう》が大流行した。

これはブッダの死後、正法《しょうぼう》（正しい教えで修行が行なわれ悟りが得られる時代）が1000年、像法《ぞうぼう》（修行はあっても悟りが得られなくなる時代）が1000年続くと、そのあとには末法（修行さえ行なわれなくなる時代）が訪れるという説だ（永承《えいしょう》7〈1052〉年から始まるとされた）。

実際、世の中は承平《じょうへい》・天慶《てんぎょう》の乱、保元《ほうげん》・平治《へいじ》の乱、源平合戦と大規模な反乱や戦が続き、さらには大地震や疫病、飢饉《ききん》などにも見舞われ、不安定きわまりなかった。鎮護国家の仏教だけでは、混迷する社会に対応できなくなってきたのである。

「個人の救済」を目指した浄土教

最初にその要望に応えたのは**浄土教**だった。**源信**《げんしん》や**空也**《くうや》といった僧による浄土教の教えは、国家ではなく**個人の救済**を目的としていた。

やがて浄土教からは**法然**《ほうねん》が登場し、浄土宗を開く。念仏（「南無《なむ》阿弥陀仏」）を称《とな》えることが極楽往生《おうじょう》を叶える最善の道であり、阿弥陀仏の本願に基づく行動だとした。これを**「本願念仏」**と呼び、さらに念仏だけを修する**「専修念仏」**《せんじゅ》にたどりつく。

その説は、総合的な修行こそ是《ぜ》とする比叡山にとっては、まったく受け入れがたいもので、以後、法然らは激しい弾圧にあうのだ。

法然の弟子の**親鸞**《しんらん》は、そこからさらに極端な思想を打ち出した。**「絶対他力」**《たりき》だ。親鸞は自分が煩悩深い人間であることを公にし、妻帯して子供までもうけている。そんな自分が、自力で往生を遂げることなど不可能であり、「南無阿弥陀仏」と称えること自体、阿弥陀仏からいただいた力によるものだ、とした。

したがって、だれでも来世で救われることはすでに決定事項であり、それを可能にしてくれる阿弥陀仏の力（絶対他力）に感謝することが念仏だ、と定義づけたのである。

この親鸞の思想は、弟子の唯円《ゆいえん》がまとめた『歎異抄《たんにしょう》』の**「善人なおもて往生をとぐ、いわんや悪人をや」**という言葉とともに、**「悪人正機説《あくにんしょうきせつ》」**として知られている。そしてそれはのちに**浄土真宗**となり、武家勢力に対して**一向一揆《いっこういっき》**を起こすほどの力を持っていくのである。

また、この説を突き詰めて、念仏を称える人々は、そのままですでに阿弥陀仏にほかならないとしたのが、**時宗《じしゅう》**を興した**一遍《いっぺん》**だ。彼のもとで、極楽往生がすでに決まっていると確信した人々は、歓喜して踊ったといわれる。いわゆる「踊《おどり》念仏」で、これが全国に普及したのが現在の盆踊りの起源だ。

なぜ日本で「禅」が発展したのか

浄土教以外にも、鎌倉時代に日本で広まった仏教に、**禅宗**がある。もともと禅は奈良時代に日本に入っていたが、禅のみで宗派が成立したのは鎌倉時代になってからのことだった。それが**栄西《えいさい》の臨済宗**と**道元《どうげん》の曹洞宗**だ。ブッダがそうだったように、座禅を組んでひたすら瞑想するというのが禅宗の特徴だ。

栄西は14歳で出家して、比叡山に入った。その後、二度にわたって中国へ行き、密教と臨済禅を学ぶ。帰国後は九州の博多に二寺を建て、禅を学ぶ拠点とした。なお、臨済宗は座禅とともに戒律も重視する。この自らを律するという姿勢が武士階級に好まれ、鎌倉幕府に招かれて鎌倉に寿福寺《じゅふくじ》、京都に建仁寺《けんにんじ》などを建立した。

栄西はまた、**宋《そう》から日本に茶をもたらした人物**としても知られている。当時の茶は心身を調《ととの》える薬として用いられており、厳しい座禅を行なう禅宗の寺のなかで、茶を飲むという習慣が形成されていったのだ。

一方、道元も13歳で出家し、比叡山に入っている。のちに建仁寺で栄西の弟子の明全《みょうぜん》に禅を学び、24歳のときに宋に渡った。そこで曹洞禅の如浄《にょじょう》から禅の免許皆伝を受けて帰国する。

道元の唱えた**「只管打坐《しかんたざ》」**——ただひたすら座れ、という教えは有名で、彼のもとでは座禅そのものを目的とする厳しい修行が行なわれた。

道元の教えもやはり比叡山の怒りをかい、都から離れて越前国《えちぜんのくに》（現・福井県）に大仏寺を開く。これが今日の**永平寺**の前身となった。

最後に、**日蓮**についても触れておこう。日蓮の特徴は、数ある経典のなかでも**『法華経』のみを絶対唯一**としたことにある。『法華経』の「南無妙法蓮華経」という題目さえ唱えれば、即身成仏《そくしんじょうぶつ》できると説いたのである。

また、その著書『立正安国論《りっしょうあんこくろん》』では、浄土教や禅の教理を激しく非難し、対決姿勢を強めた。さらに幕府に対しても激しい批判を行なったため、処刑されかけたり、佐渡島《さどがしま》に流罪《るざい》になったりしている。まさに**「闘う仏教者」**だった。

コラム 修験道——「山岳信仰＋密教」で神通力を獲得

修験道《しゅげんどう》という日本独特の宗教がある。山や巨大な岩（磐座《いわくら》）に神が宿るという**神道**《しんとう》**的な山岳信仰と、密教がミックス**されたもので、山中で厳しい修行をすることで悟りを開き、**神通力**を身につけようというものだ。

発生の経緯についてはよくわかっていないが、伝説的な超人、**役行者**《えんのぎょうじゃ》**（役小角**《えんのおづぬ》**）**が開祖だとされている。

実際、修験道では、役小角の個人的な信仰や修行形態とされたものが修行の基盤となっている。逆にいえば独自の教義や経典もないし（密教を修めることが必要なので真言宗の『大日経』『金剛頂経』は用いられている）、厳格に決められた宗教的な儀礼もない。

ともあれ、修験道のイメージというと、やはり強力な超能力――神通力を得られる、ということだろう。たとえば仏教では、悟りを開いてブッダとなると、次のような神通力が獲得できるとされている。

★神足通《じんそくつう》　自分が思った場所に、思った姿で行き来できる。また、空を飛んだり水上を歩いたり、壁を通り抜けることができる。

★天耳通《てんにつう》　世界中のあらゆる声や音を聞くことができる。

★他心通《たしんつう》　他人の心を読む。

★宿命通《しゅくみょうつう》　過去の出来事や、前世を知る。

★天眼通《てんげんつう》　人々の業《ごう》による生死を知り、輪廻転生を見る。

★漏尽通《ろじんつう》　自らが悟り、二度と生まれ変わらなくなったことを知る。

修験者たちはこうしたブッダの力、神通力（**「験力《げんりき》」**という）を、山野を駆け巡り、神霊たちに祈りを捧げ、一体化することで得ようとしたのである。

役小角の験力と霊山ネットワーク

では、役小角とはどのような人物だったのだろうか。

634年に大和国葛城《かつらぎ》に生まれたとされる小角は、母の胎内にいるときから霊妙な香り、不思議な光を外に放っていた。そして生まれるとすぐに、こんな言葉を発したとされる。

「いっさいの衆生《しゅじょう》を教化、済度《さいど》し、みなを仏教に帰依させたい」

いかにも、ブッダの誕生を思わせるようなエピソードだ。

また、3歳で文字を、7歳で梵字（サンスクリットを記すのに使われる文字）を、だれに習うこともなく書いたともいう。

役小角は傑出した験力を駆使したという

その後、仏教の限界を感じて山岳修行へと向かい、17歳になると山に籠もりきりになった。岩窟に住し、藤衣《ふじごろも》（粗末な衣服）をまとい、松の実や松の葉を食べ、30代後半までにはあらゆる密教系呪術を身につけたといわれている。

蛇毒などの害をなくす**「殺害毒」**、空中を自由自在に飛びまわる**「神通飛行自在」**……ほかに前鬼《ぜんき》・後鬼《ごき》と呼ばれる**鬼神《きしん》も自由に使役《しえき》**した。

しかし、その験力を恐れた朝廷により、伊豆に流されてしまうのだ。『日本霊異記《にほんりょういき》』によると、捕縛の際に小角は神通力を駆使して抵抗したので、なかなか捕らえることができなかった。そこで朝廷は小角の母親を捕らえ、出頭をうながしたという。そうして捕縛された小角は伊豆へ流されたものの、夜になると天空を飛んで富士山を訪れ、そこで修行を積んだとされる。

まさにブッダと同様、もしくはそれ以上の力を得ていたことになる。

それにしても、なぜ日本ではこのような山岳宗教が生まれたのか。

まず、日本人の死生観として、死んだ人間の魂は高いところへ昇っていく、ということがあった。当然、より高い山には多くの魂が集ってくる。それと同時に、天にいると考えられる神々は、山中にある巨大な岩（磐座）を目印とし、そこへ降りてくる。山で修行を積むことは、神々と通じ、人の魂と触れることでもあったのだ。

さらに、山にはある意味で「裏」のネットワークが存在していたと考えられる。日本の豊かな山は、木材はもちろん、薬草や漆《うるし》、さらには水銀や鉄、金・銀・銅といった産物をもたらしてくれる。そうした「資源」やその「情報」を共有したのが、山のネットワークなのだ。

役小角は神通力で自在に空を飛び、日本中の霊山を訪れては金剛蔵王権現《こんごうざおうごんげん》を勧請《かんじょう》していったとされる。小角ゆかりの霊山は、北は岩手県の早池峰山《はやちねさん》、秋田県の太平山《たいへいざん》から南は九州の阿蘇山《あそさん》まで、40を軽く超える。

日本中の霊山は、小角によって巡らされた**霊的ネットワークの拠点**でもあったのだ。

●主要参考文献

『キリスト教入門』山我哲雄、『イスラーム文化』井筒俊彦、『イスラム教入門』中村広治郎、『イスラームを知ろう』清水芳見、『コーラン(上)(中)(下)』井筒俊彦訳（以上、岩波書店）、『キリスト教の歴史』大田垣雅也、『一神教の誕生』加藤隆、『イスラームとは何か』小杉泰（以上、講談社）、『聖書、コーラン、仏典』中村圭志、『イスラームの歴史』カレン・アームストロング（以上、中央公論新社）、『新版 聖書の歴史』サムエル・テリエン、『ブッダの生涯』ジャン・ボワスリエ（以上、創元社）、『キリスト教の本（上・下）』『イスラム教の本』『密教の本』『チベット密教の本』（以上、学研プラス）、『キリスト教と聖書の謎』蒲原雄大他、『面白いほどよくわかる 仏教のすべて』金岡秀友監修、『眠れなくなるほど面白い仏教』渋谷申博（以上、日本文芸社）、『新約聖書 新共同訳』（日本聖書協会）、『キリスト教を知る事典』外村民彦（教文館）、『カラー版徹底図解 世界の宗教』島崎晋（新星出版社）、『一番わかりやすいキリスト教入門』月本昭男監修・インフォビジュアル研究所（東洋経済新報社）、『聖書の暗号』マイケル・ドロズニン（新潮社）、『イスラーム世界史』後藤明（KADOKAWA）、『ハサン中田考のマンガでわかるイスラーム入門』中田考・天川まなる（サイゾー）、『イスラームのとらえ方』岸本美緒監修・東長靖他（山川出版社）、『わかる仏教史』宮元啓一（春秋社）、『集中講義 大乗仏教』佐々木閑（NHK出版）、『仏教早わかり百科』ひろさちや監修（主婦と生活社）、『図解 いちばんやさしい三大宗教の本』沢辺有司（彩図社）、『図説 ゼロからわかる三大宗教の読み方』茂木誠監修・世界情勢を読む会編（実務教育出版）、『聖書の名画はなぜこんなに面白いのか』井出洋一郎（中経出版）、『眠れないほどおもしろい「聖書」の謎』『眠れないほどおもしろい「日本の仏

さま」』『眠れないほどおもしろい「密教」の謎』以上、並木伸一郎（三笠書房）

●写真提供

◆アフロ：29、43、50、87、101、215ページ

◆共同通信社：98ページ「聖杯」Album／Oronoz／共同通信イメージズ

◆PPS通信社：25、40、45、53、65、77、81、115、122、125、131、153、157、168、176、179、184、195ページ

◆国立国会図書館：261ページ『平かな絵入 往生要集』（中村風祥堂）より「大叫喚地獄」

◆フォトライブラリー：19、59、62、68、71、84、89、94、162、177、213、217、222、234、241、257、267、269、276、285、297ページ

◆並木伸一郎事務所：100、109ページ

本書は、本文庫のために書き下ろされたものです。

眠《ねむ》れないほどおもしろい世界《せかい》の三大宗教《さんだいしゆうきよう》

著者　並木伸一郎（なみき・しんいちろう）
発行者　押鐘太陽
発行所　株式会社三笠書房
〒102-0072 東京都千代田区飯田橋3-3-1
電話　03-5226-5734（営業部）　03-5226-5731（編集部）
https://www.mikasashobo.co.jp
印刷　誠宏印刷
製本　ナショナル製本

ISBN978-4-8379-6964-8 C0130

王様文庫

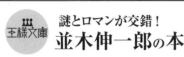